W0055781

BASTEI
LÜBBE

Von Michael Mary sind bei Bastei Lübbe Taschenbücher
lieferbar:

60532 5 Wege die Liebe zu leben
60539 Change
60553 Die Glückslüge
60561 Lebe deine Träume
60566 Mythos Liebe
60585 Das Leben lässt fragen, wo du bleibst

Über den Autor:

Michael Mary, 1953 geb., ist verheiratet und lebt in der Nähe
von Hamburg. Seit 1979 führt er Beratungen und Seminare
zum Thema Partnerschaft und Persönlichkeitsentwicklung
durch. Weitere Informationen zur Person und seinen Büchern
sind auf der Homepage *www.michaelmary.de* zu finden.

Michael Mary

5 Lügen
die Liebe betreffend

BASTEI
LÜBBE

BASTEI LÜBBE TASCHENBUCH
Band 26886

Vollständige Taschenbuchausgabe

Bastei Lübbe Taschenbücher in der Verlagsgruppe Lübbe

© 2001 by Hoffmann und Campe Verlag, Hamburg
Lizenzausgabe:
Verlagsgruppe Lübbe GmbH & Co. KG,
Bergisch Gladbach
Dieses Werk wurde vermittelt durch die
Literarische Agentur Thomas Schlück GmbH, 30827 Garbsen
Umschlaggestaltung: Nadine Littig
Satz: Utesch GmbH, Hamburg
Druck und Verarbeitung: GGP Media GmbH, Pößneck
Printed in Germany, Juli 2008
ISBN 978-3-404-26886-3

Sie finden uns im Internet unter
www.luebbe.de
Bitte beachten Sie auch: www.lesejury.de

Inhalt

Vorwort

Beziehungspartner leben heute oftmals in Verunsicherung, Zweifeln oder Schuldgefühlen. Ihre Partnerschaften ächzen unter dem Gewicht überzogener Ansprüche und schillernder Erwartungen, von denen sich die meisten gerade in Langzeitbeziehungen auf den Bereich der Sexualität beziehen.

Diese belastende Situation entsteht aus der Diskrepanz zwischen dem, was in Partnerschaften angeblich *sein sollte* oder *sein könnte,* und dem, was tatsächlich ist. Es klafft eine immense Lücke zwischen den Hoffnungen der Beziehungspartner und den Versprechungen der »Experten« einerseits und den realen Möglichkeiten der Partner andererseits.

Ganz gleich, was Partner unternehmen, um diese Lücke zu schließen – sie können weder den alten noch den neuen Idealen der Partnerschaft gerecht werden. Daher erweisen sich die viel beschworenen Partnerschaftsideale im Grunde als Lügen über den Zusammenhang von Partnerschaft, Sexualität und Liebe. Ich bezeichne diesen Lügenkomplex als *die Fünf Liebeslügen.*

Die Liebeslügen sind Lügen auch und gerade, weil sie stets ein Stück Wahrheit enthalten. Es ist die Verallgemeinerung, welche die Lüge schafft, und es ist der Funke Wahrheit darin, der Zweifel sät und die Schuldgefühle der Partner nährt.

Schuld und Zweifel aber schaffen den Boden für »Experten«, jene berufsmäßigen Verkünder moderner, zeitgeistiger Partnerschaftsideale. Wie ich darlegen werde, versprechen diese Experten die Lösung jener Probleme, an deren Entstehung sie beteiligt sind oder die sie sogar hervorgerufen haben.

Die Fünf Liebeslügen in ihren verschiedenen Erscheinungsformen zu erkennen hat eine befreiende und entlastende Wirkung, sowohl auf die Partner als auch auf ihre Beziehung. Diese Befreiung scheint notwendig, damit Paare mit gutem Gewissen jene Form der Partnerschaft leben können, die ihnen, und möglicherweise *nur ihnen*, entspricht.

Michael Mary,
Januar 2001

Einleitung

Die Basis zu diesem Buch bilden, neben ausführlicher Fach- und Literaturrecherche und meiner langjährigen Tätigkeit als Paarberater, eine Vielzahl von Gesprächen und Interviews, die ich mit Beziehungspartnern und Fachleuten durchgeführt habe. Darüber hinaus habe ich die Rolle der Medien in Bezug auf das Thema durchleuchtet. Lassen Sie mich einleitend meine persönlichen Eindrücke aus diesen Begegnungen schildern.

Die Partner

Es waren drei Punkte, die mir im Gespräch mit Paaren immer wieder auffielen und die mich überraschten.

Erstens: Wie groß das Interesse am Themenkomplex Sexualität und Partnerschaft ist. Bei keinem meiner anderen Bücher schienen die Gesprächspartner derart vom Thema gepackt zu werden.

Zweitens: Es besteht eine immense Scheu, öffentlich oder im Beisein des Partners ehrlich über Beziehungsthemen wie beispielsweise Sexualität zu sprechen.

Drittens: Wie sehr Partner durch die Tabuisierung der Partnerschaftsprobleme von Schuldgefühlen und Selbstzweifeln gequält werden.

Aus dieser offensichtlich tiefen Verunsicherung heraus zog die überwiegende Zahl der Partner das Vier-Augen-Gespräch vor. Einige Paare konnte ich jedoch zuerst gemeinsam und nach wenigen Tagen nochmals getrennt voneinander befragen. Dabei traten erstaunliche Differenzen auf. Wurde beispielsweise der Sex im gemeinsamen Gespräch als »gut« oder »recht befriedigend« bezeichnet, wichen die gleichen Partner im Einzelgespräch nicht selten von dieser positiven Wertung ab. Dann sprach *er* von zunehmender Langeweile und *sie* gab zu, wenn, dann nur morgens mit ihm schlafen zu können.

So scheint es durchaus üblich, den Partner (und sich selbst?) über das Erleben der gemeinsamen Sexualität zu täuschen, sei es aus Scheu, sich etwas einzugestehen oder aus Angst, einander zu verletzen oder zu verlieren.

Die Recherchen

Auch die Recherchen zum Thema förderten erstaunliche Fakten zu Tage. Obwohl ich zuvor Dutzende psychologischer Bücher über Partnerschaft und Sexualität gelesen hatte, war ich bisher kaum auf Informationen zur geschichtlichen Entwicklung von Partnerschaft und Sexualität gestoßen. Dies ließ mich fundamentale Irrtümer und historische Verklärungen, ungewollte Fehlinformationen und gezielte Lügen erkennen, denen Beziehungspartner heute aufsitzen. Daneben stieß ich auf wissenschaftliche Erkenntnisse, die in der praktischen Paarberatung kaum Beachtung finden, weil sie der allgemeinen Anschauung widersprechen.

Die Ergebnisse dieser Recherchen fließen in die einzelnen Kapitel ein und vermitteln den Lesern geschichtliche Fakten und ein erweitertes Verständnis der Dynamik von Sexualität und Partnerschaft.

Die Experten

Interviews mit »Experten«, insbesondere solche mit praktizierenden Psychologen, haben mich in Erstaunen versetzt. Es ist kaum fassbar, auf was für einer idealisierten und unreflektierten Grundlage viele dieser Fachleute ihre Beratungskonzepte aufbauen. Nicht wenige scheinen verliebt in die eigenen Ansichten und berauscht von den entwickelten Ideen und Theorien.

So fantasieren sie beispielsweise von *freien, reifen* oder *ungehemmten* Partnern, die auf Grund innerer Freiheit, Reife und Gelöstheit keinen Anlass hätten, Sexualität außerhalb einer Partnerschaft zu suchen. Also bräuchten sich Beziehungspartner lediglich von ihren Konditionierungen zu verabschieden, dann würden sich ihre Beziehungswünsche wie von selbst erfüllen.

Obwohl sich für derartige Überzeugungen weder in der Gesellschaft noch im Beziehungsleben der Berater praktische Beweise finden lassen, obwohl der ungehemmte Partner ein Konstrukt ist und ein dekonditionierter Mensch in der Realität nicht vorkommt, obwohl ein zwingender Zusammenhang zwischen innerer Freiheit und sexueller Bindung nirgends nachgewiesen ist, stellen diese Experten ihre Überzeugungen und Fantasien als erforscht, wissenschaftlich fundiert und durchführbar dar.

Sie erwecken damit den Anschein, als wären ihre Ideen für alle Partner praktizierbar. Tatsächlich aber vergrößern sie die Lücke zwischen Anspruch und Wirklichkeit der Partnerschaft. So nimmt das Leiden der Partner zu, denn diese glauben nun, versagt zu haben.

Im Verkauf ihrer Ideale und ihrer Widersprüchlichkeit unterscheiden sich Psychologen oft wenig von Theologen und Priestern, die zwar die romantische Liebe zwischen Partnern ablehnen, dann aber das Paar als »einen Leib« in eine nicht minder romantische und verklärte Liebe zu Gott verführen wollen. Auch diesen Theologen und ihren Thesen widme ich mich intensiv.

Die Medien

Ein einigermaßen trauriges Kapitel stellt das Bemühen der Medien dar, das Thema Partnerschaft und Sexualität zu vermarkten. Journalisten stehen in ihren Redaktionen permanent unter dem Druck, »Neues« präsentieren zu müssen. Sie sind daher weniger an Realitäten und Fakten interessiert, als an quotensteigernden Sensationen, an der Erfindung von publikumswirksamen Trends und der Verbreitung von Ratschlägen.

Aus dieser chaotischen Mixtur, die Partner, Experten und Medien zu den Lebensbereichen Partnerschaft und Sexualität brauen, hat sich eine Ideologie der Partnerschaft gebildet, die an den Bedürfnissen und Möglichkeiten der meisten Menschen vorbeigeht und ihren Beziehungen oft mehr schadet als nutzt.

Ich bin im Laufe der Jahre, in denen ich mich mit den Sex- und Liebeslügen befasse, zur Erkenntnis gelangt, dass jede Information, die zur Auflösung dieser Ideenmixtur beiträgt, eine befreiende und entspannende Wirkung auf Partnerschaften entfaltet und dazu beiträgt, Langzeitbeziehungen zu erhalten.

Sexualität, Liebe und Partnerschaft sind äußerst spannende, anregende und fruchtbare Themenbereiche. Ich wünsche allen Lesern durch die Lektüre dieses Buches ein ähnliches Maß an Spannung, Anregung, Erkenntnis und Befreiung, wie es Gesprächspartner, Diskussionsteilnehmer und ich selbst bei der Konfrontation mit diesem Themenkomplex erlebten.

Die Situation der Partner

Eines möchte ich gleich zu Anfang dieses Buches klarstellen: Ich gönne es allen Paaren von ganzem Herzen, Sex miteinander zu haben. Und zwar für die gesamte Dauer ihrer Partnerschaft. Uneingeschränkt!
Besonders beglückwünschen möchte ich Paare, die nach langen Jahren des Zusammenlebens nicht nur Sex, sondern guten, befriedigenden und lustvollen Sex miteinander erleben. Es gibt diese Paare.
Und dennoch möchte ich gerne einmal jenem sagenumwobenen Paar begegnen, das quer durch seine Jahre oder Jahrzehnte andauernde Beziehung nicht nur Sex »wie beim ersten Mal« erlebt, sondern bei dem die Sexualität »von Mal zu Mal« schöner und »von Jahr zu Jahr« intensiver wird.
Sie zweifeln – wie ich – daran, dass es dieses Paar gibt? Sie meinen, das gehörte zu den überzogenen Idealen? Nun, wenn man den Fachleuten der Liebe Glauben schenkt, dann handelt es sich keinesfalls um übertriebene Erwartungen.

Ansprüche an Partnerschaften

Partner können angeblich eine dauerhafte, allumfassende Liebe erreichen, wenn sie deren *Geheimnisse* kennen. Das behauptet jedenfalls ganz selbstverständlich ein journalistischer Beitrag, der vor kurzem in einer Zeitung unter dem Titel »Die Geheimnisse dauerhafter Liebe« erschien. Lassen Sie mich diesen Text zitieren, weil er so beispielhaft die Ansprüche an heutige Partnerschaften aufzählt. Was also sind jene Geheimnisse dauerhafter Liebe?

Dazu gehören nach Überzeugung des US-Psychologen Adam Jackson zunächst zärtliche Gedanken. Eine Liebe lebe nicht ohne Respekt vor dem Partner, sie müsse frei von allen Bedingungen sein, nur so sei Liebe möglich. Berührungen und Zärtlichkeiten zeigten Liebe, offene Bekenntnisse seien das Band, das Paare binde. Wer liebt, müsse auch loslassen können und außerdem die Treue halten. Leidenschaft müsse Liebe immer wieder neu entzünden, eisernes Vertrauen sei ihr Fundament.[1]

Diese Worte klingen im ersten Moment sehr schön und durchaus einleuchtend. »Ja, so ist es«, wollen wir verzückt ausrufen und: »Genau das suchen und brauchen wir!« Wer möchte etwas dagegen einwenden?
Erst auf den zweiten Blick erscheint der Text eigenartig unsinnig. Wie anders könnte man sich folgenden Widerspruch erklären: Zuerst wird Freiheit von allen Bedingungen gefordert, dann werden reihenweise Bedingungen wie Respekt, Zärtlichkeit, Offenheit, Treue und Leidenschaft aufgezählt. Allein die Erwartung der Bedingungslosigkeit stellt schon eine Bedingung, sogar die größtmögliche, dar.
Darüber hinaus werden verschiedenste Begriffe wild durcheinander geworfen: Treue wird verlangt, und gleichzeitig soll Leidenschaft die Liebe immer wieder neu entzünden. Wie das geschehen soll, verrät der Autor allerdings nicht. Und in der Praxis zeigt sich, dass Part-

16

ner gerade mit dieser Koppelung von Treue und Leidenschaft auf Dauer größte Schwierigkeiten haben.
Liebe soll durch Leidenschaft neu entzündet werden. Von welcher Art der Liebe ist hier die Rede? Ist partnerschaftliche Liebe oder erotische Liebe gemeint? Oder geht es um romantische Liebe? Glaubt der Psychologe gar, diese und andere Formen der Liebe seien identisch? Offene Bekenntnisse bilden das Band, das die Partner verbindet. So? Verbinden sie die Partner auch unabhängig vom Inhalt des Bekenntnisses? Was würde in einer so gelebten Partnerschaft das Bekenntnis der Untreue bewirken? Wäre dann das ach so beharrlich eingeforderte Vertrauen gebrochen und das Fundament der Liebe untergraben?
Der US-Psychologe gibt im Grunde genommen auf die Frage: »Wie kann man dauerhafte Liebe erreichen?« die schlaue Antwort: »Indem man dauerhaft liebt.« Das also ist das ganze Geheimnis. Vielen Dank dafür!

Man mag den Kopf schütteln angesichts derartig konfuser und widersprüchlicher Aussagen, und dennoch drückt gerade dieser Beitrag die üblichen Erwartungen an unsere Partnerschaften aus. Partnerschaft soll heute *alles* geben: Liebe, Respekt, Leidenschaft, Treue, Freiheit, Vertrauen, Freundschaft, Intimität, Zärtlichkeit.
So ist die Situation heutiger Partner gekennzeichnet von gewaltigen Ansprüchen, die im Widerspruch zur Wirklichkeit stehen.

Die Beziehungsrealität

Jeder kann anhand eigener Erfahrungen nachvollziehen, wie es Partnern bei dem Versuch ergehen muss, Ideale wie die oben geschilderten umzusetzen. Ein Teil dieser Idealvorstellungen wäre noch relativ einfach unter den Hut einer Beziehung zu bringen. Sobald die Partner aber auch noch die restlichen Erwartungen unterbringen wollen, fallen die ersten Bedingungen auf der anderen Seite wieder heraus:

Während partnerschaftliche Liebe und Zuneigung im Laufe der Jahre auf der einen Seite wachsen, lässt auf der anderen Seite die Leidenschaft nach. Während Verlässlichkeit und Vertrautheit zunehmen, nimmt die sexuelle und erotische Spannung ab. Je treuer die Partner einander werden, desto stärker wachsen ihre Sehnsüchte nach leidenschaftlichen Begegnungen. Je intimer sie werden, desto weniger können sie miteinander ehrlich über die Zwickmühle zunehmender Bindung und abnehmenden Begehrens sprechen, in die sie hineingeraten.

So bleiben die Partner gefangen zwischen Anspruch und Realität und finden keinen Weg aus diesem Dilemma. Auch die Ratschläge und Wegskizzen der Experten helfen ihnen hierbei nicht.

Ganz im Gegenteil: Mit dem Schwinden von Begehren und Leidenschaft in ihrer Dauerbeziehung könnten die Partner womöglich noch umgehen, wenn dieser Vorgang allgemein anerkannt oder sogar geschätzt würde. Doch sich für den Rückgang der Leidenschaft in der Langzeitbeziehung schuldig, schlecht, falsch oder ungenügend zu fühlen, schafft die wirkliche Misere. Und die Experten werden nicht müde zu behaupten, dass der Rückgang des Begehrens nicht sein müsse.

Viele Partner wären sogar durchaus in der Lage, individuelle Lösungen für ihre Situation zu finden. Dass sie dann aber vor anderen und – weitaus tragischer – vor sich selbst als beziehungsunfähig, untreu, verräterisch, notgeil, unreif, psychisch gestört oder gar krank und behandlungsbedürftig gelten, ist mehr, als die meisten verkraften können.

Da sie den selbst aufgestellten oder von Experten übernommenen, widersprüchlichen oder zu hoch gesteckten Erwartungen nicht gerecht werden können, fragen sich Langzeitpartner früher oder später: »Was stimmt mit uns nicht?« oder »Was machen wir falsch?« Sie fühlen sich als Versager, entwickeln Schuldgefühle und empfinden gleichzeitig Abneigung gegen den Partner. Sie suchen die Ursachen der Entwicklung bei sich oder dem anderen, statt auf den Gedanken zu kommen, einmal zu fragen: »Was stimmt mit unseren Idealen und Vorstellungen über Partnerschaft nicht?« oder »Was ist faul an den Ratschlägen der Experten?«

Fragen dieser Art werden selten oder gar nicht gestellt, weil die meisten Menschen die hohen Ansprüche und Erwartungen ihrer Umgebung teilen. Schließlich vermitteln etliche Paare in der jeweiligen Bekanntschaft den Eindruck, als liefe bei ihnen alles wie bestellt. Zusätzlich zelebrieren die Medien unbeirrbar täglich Traumpaare. Dass diese nach Monaten oder wenigen Jahren durch Schlammschlacht und Scheidung erneut Anlass zu gegenteiliger Berichterstattung geben, wird hartnäckig oder tapfer ausgeblendet.

Romantisierung und Sexualisierung der Partnerschaft

Partner halten schließlich für wahr, was ihnen vorgegaukelt wird. Sie glauben, was das folgende Zitat wie selbstverständlich unterstellt:

Guter Sex ist die Grundlage einer guten Beziehung. Glückliche Paare haben eine befriedigende Sexualität.[2]

Damit wird umgekehrt unmissverständlich behauptet: »Wer keine befriedigende Sexualität hat, lebt in einer unglücklichen Beziehung.« In dieser Aussage begegnen wir einer Variante der Liebeslügen.

Die Liebeslügen konstruieren einen angeblich natürlichen, zwingenden, selbstverständlichen Zusammenhang zwischen Partnerschaft und Sexualität, Liebe und Leidenschaft, Bindung und Begehren. Sie stellen längst widerlegte Ideen als Wirklichkeit dar. Sie tun dies, indem sie einen Komplex beinahe untrennbar miteinander verflochtener Wahrheiten, Halbwahrheiten, Fantasien, Wünsche, Täuschungen und auch offener Lügen aufbauen, den kaum ein Paar mehr durchschauen kann.

Der Kern dieser Liebes- oder Sexlügen besteht in der *Romantisierung, Sexualisierung und Pathologisierung von Partnerschaft.*

Diese Lügen und ihre in diesem Buch beschriebenen Varianten haben sich so tief in die Vorstellung von Beziehung eingegraben, dass Millionen Partner unter den vergeblichen Versuchen leiden, das Märchen der dauerhaften Verbindung partnerschaftlicher und leidenschaftlicher Erfüllung wahr werden zu lassen.

Das Phänomen hat Geschichte: Bereits seit mehr als

2000 Jahren wird krampfhaft versucht, Sexualität und Partnerschaft dauerhaft zu verknüpfen. Diese Versuche sind jedoch nicht nur gescheitert, sondern das genaue Gegenteil wurde erreicht: Statt Partnerschaften zu stärken, wird ihr vorzeitiges Ende herbeigeführt. Denn die Folgen der Romantisierung und Sexualisierung von Ehe und Partnerschaft zeigen sich in zunehmender Entwertung und Geringschätzung dauerhafter Bindungen. Wenn nur die leidenschaftliche, sexuelle Liebe gilt, dann ist die Langzeitbeziehung vor dem Hintergrund abnehmenden Begehrens nichts mehr wert.

Wer den Versprechen der Liebeslügen und ihren Repräsentanten glauben schenkt, kann mit seiner Ehe oder Partnerschaft *auf Dauer* kaum zufrieden sein. Nach Orientierung oder Hilfe suchend, wenden sich die Paare schließlich an die »Experten der Liebe«, und diese werden nicht müde, die Erreichbarkeit der Ideale zu propagieren.

Die Lügner

Wenn in diesem Buch, oft mit Ironie, von den »Experten« die Rede ist, so meine ich damit nicht rundweg jeden Psychologen, Therapeuten, Theologen, Politiker oder Wissenschaftler.

Mit »Experten« sind Verfechter von Partnerschaftsideologien gemeint, die im Sinne ihrer ureigenen Ideologie allgemeine Moralvorstellungen entwerfen, Untersuchungen durchführen, Ratschläge verteilen, Beratungen anbieten oder Therapien verkaufen.

Das Werk dieser Experten, also die Idealvorstellung von Partnerschaft und Sexualität, ist keine moderne Erfin-

21

dung, sondern kulturell gewachsen und daher nur im geschichtlichen Zusammenhang zu begreifen. Wer sich näher mit der historischen Entwicklung befasst, gewinnt erstaunliche Erkenntnisse.

Es zeigt sich,

- dass Politik, Religion und Gesellschaft historisch ein Bild von Partnerschaft entwerfen, dem Menschen zu keiner Zeit nachkommen konnten;
- dass Männer und Frauen seit mehr als zweitausend Jahren vom Konflikt zwischen Partnerschaft und Sexualität betroffen sind;
- dass Partner unter dem Begriff der Liebe in den verschiedenen Epochen etwas völlig Unterschiedliches verstanden;
- dass man im Mittelalter nur mit Erlaubnis der Kirche und des Staates heiraten konnte; und dass eine solche Erlaubnis nur Wohlhabenden erteilt wurde;
- dass leidenschaftliche Liebe zwischen Ehepartnern verpönt und lächerlich war;
- dass die Idee der romantischen Liebe erst zweihundert Jahre alt ist.

Darüber hinaus vermittelt der geschichtliche Überblick auch die Erkenntnis, dass die »Apostel der Reinheit« ihren eigenen Ansprüchen in keiner Geschichtsepoche gerecht wurden. Daran hat sich bis heute wenig geändert.

Politiker preisen moralische Integrität und Sauberkeit. Nicht erst seit Bill Clinton erweisen sie sich dabei als Lügner. War es Zufall, dass Franz Josef Strauß von einer Prostituierten die Brieftasche gestohlen wurde? Umschwirren leichte Mädchen und Hostessen rein zufällig die großen politischen und wissenschaftlichen

Kongresse? Warum wohl bieten Hotels Pay-TV-Sex-kanäle speziell für das Managerpublikum an?

Theologen predigen Treue, Genügsamkeit und Enthaltsamkeit. Gehören die sexuellen Ausschweifungen von Bischöfen und Würdenträgern des Mittelalters ins Reich der Fantasie? Liegen die Leichen getöteter Kinder versehentlich auf den Friedhöfen von Nonnenklöstern vergraben? Hat sich die Kirche aus reinem Altruismus zum größten Alimentezahler entwickelt? Sind Schwule und Lesben im Priestergewand in Wahrheit vom Teufel gesandte Saboteure des göttlichen Auftrags?

Psychologen verbreiten Ratschläge und Rezepte. Dabei gelingt es ihnen jedoch nicht, ihre Ideale dauerhafter und leidenschaftlicher Liebe vorzuleben. Die meisten dieser Ratverteiler sind ein- oder mehrmals geschieden. Ist es Zufall, dass auch Psychologen und Therapeuten in Beziehungsstress, sexueller Langeweile oder serieller Monogamie leben? Was haben sie falsch gemacht? Lagen sie nicht lange genug auf der Couch, um die Vater/Mutter-Übertragung endgültig aufzulösen? Sind dreihundert oder fünfhundert Analysesitzungen tatsächlich noch zu wenig? Wenden die Experten die falschen Techniken der Orgasmuserzeugung an? Sind sie nicht in der Lage, den G-Spot zu finden? Sollten sie ihre eigenen Ratgeber lesen? Diese und weitere Widersprüche zeigen, dass die psychologischen, wissenschaftlichen und theologischen Experten sich in nichts von anderen Menschen unterscheiden. Trotzdem werden sie nicht müde, ihre Ideale zu propagieren und werden von den Medien eifrig darin unterstützt.

Die *Medien* verbreiten die Ideale und Rezepte der Experten. Um Auflage zu machen, greifen sie gerne gut verkäufliche Themen auf, wie der eingangs zitierte Artikel zu den angeblichen »Geheimnissen der Liebe« belegt. Gerne wird dabei auch etwas nachgeholfen. Mir selbst widerfuhr vor einigen Jahren ein beispielhaftes Erlebnis. Eine Journalistin rief mich an:

»Herr Mary, Sie müssen mir helfen. Ich soll eine Reportage über Langzeitpaare schreiben, bei denen der Sex noch blüht. Nun suche ich schon seit Wochen erfolglos. Könnten Sie mir als Partnerberater aus Ihrer Klientel solche Paare für Interviews vermitteln?«

»Da werde ich Ihnen kaum helfen können. Sollten Sie jedoch auf solche Paare treffen, lassen Sie es mich bitte wissen. Diese Paare wollte ich immer schon einmal kennen lernen.«

Nur zwei Monate später erschien die gewünschte Reportage mehrseitig in einer großen Illustrierten. Natürlich hatten die dort zitierten Partner wunderbaren und leidenschaftlichen Sex miteinander, natürlich war das nach zwanzig Jahren Ehe gar kein Problem, und natürlich verfügte jedes Paar über ein Geheimnis oder ein Rezept für den Zugang zu diesem immer währenden Glück. Sie hatten irgendetwas »richtig« gemacht. Was, das wurde nicht klar, aber ein Eindruck blieb unvermeidlich: Wem diese grenzenlose Erfüllung versagt bleibt, der macht etwas »falsch«.

Hier begegnete ich einer weiteren Variante der Liebeslügen. Die Medien bedienen die Hoffnungen der Ratsuchenden. So verbreiten sie gemeinsam mit Experten aus Psychologie, Politik und Kirche kontinuierlich und unbeirrbar Liebeslügen.

Experteninteressen

Es versteht sich, dass die so genannten Experten nicht selbstlos, sondern als Interessenvertreter politischer Verbände, wissenschaftlicher Strömungen, konfessioneller Richtungen oder, heute vor allem, therapeutischer Schulen und wirtschaftlich denkender Medienunternehmen auftreten.

Dabei wenden sie vor allem ein Machtinstrument an, dessen Funktionsweise ihnen die Kirche gezeigt hat. Die Kirche hat schon immer nach dem Prinzip *Teile und herrsche* gehandelt. Dieses Prinzip ist einfach, aber wirkungsvoll.

Zuerst muss es gelingen, den Menschen sich selbst zu entfremden, ihn quasi innerlich zu spalten. Dazu wird die Erfüllung eines offensichtlich unerfüllbaren Ideales verlangt, beispielsweise des Ideals dauerhaft leidenschaftlicher Partnerliebe. So wird ein Keil zwischen Verstand und Gefühl, zwischen Wollen und Können, getrieben. Ist der Mensch in Selbstzweifel gestürzt und somit aus kirchlicher Sicht zum Sünder und aus psychologischer Sicht zum Versager geworden, kann man ihn mit Gottes Gnade oder durch das rettende Behandlungskonzept erlösen.

Psychologen und Theologen geraten so zu modernen Heilsbringern. Während die Scheidungsraten steigen, während die Dauerbeziehung in Zeiten materieller und rechtlicher Gleichstellung von Mann und Frau immer schwieriger wird, propagieren sie unbeirrt die wahre Liebe und die perfekte Partnerschaft. »Wenn ihr alles richtig macht, ist alles möglich«, beteuern sie und behaupten im Rückschluss: »Wenn etwas nicht möglich ist, dann weil ihr etwas falsch gemacht habt.«

Paartherapie, Kommunikationstrainig, NLP oder Familientherapie sind nur einige der Methoden und Anwendungen, die den Ratsuchenden angeblich zur Erfüllung ihrer Sehnsüchte nach der idealen Partnerschaft verhelfen können. Eine wahrhaft geschickte Strategie, Beratungen, Sitzungen und Ratschläge zu verkaufen und damit vor allem eigene, insbesondere finanzielle Interessen zu bedienen.

Aber auch Experten können nur so weit gehen, wie die Partner es ihnen gestatten. Letztere sind an der Verbreitung der Liebeslügen beteiligt, beispielsweise, indem sie einander heile und ideale Beziehungen vorspielen, den Experten Glauben schenken und zulassen, wie ihre Sehnsüchte benutzt werden.

So sind wir alle mehr oder weniger am Erhalt und der Pflege der Sex- und Liebeslügen beteiligt. Daraus entsteht im Laufe der Zeit ein Lügengeflecht, durch das Partnerschaften paradoxerweise nicht gefördert, sondern im Gegenteil belastet werden. Viele Scheidungen an sich guter Dauerbeziehungen aus Gründen des angeblichen sexuellen Versagens beweisen dies. Dieser Zusammenhang zwischen beabsichtigter Unterstützung und tatsächlich herbeigeführter Beschädigung der Dauerbeziehung wird im Laufe meiner Ausführungen nachvollziehbar werden.

Eine Entlastung und damit reale Unterstützung unserer Dauerbeziehungen erfordert vielmehr, die Mythen um Sexualität und Partnerschaft aufzudecken und die Liebeslügen offen zu legen.

Das soll im Folgenden geschehen. Steigen wir also konkret in den Komplex der Sexlügen ein.

Die fünf Liebeslügen im Überblick

Lassen Sie mich zunächst einen kurzen Überblick über die fünf wichtigsten Varianten der Liebeslügen geben und die Konsequenzen dieser Irrtümer andeuten.

Die Partnerschaftslüge
Die meiner Ansicht nach folgenschwerste Liebeslüge möchte ich in der Aussage zusammenfassen:
Partnerschaft und Sexualität gehören zusammen, sie sind untrennbar miteinander verbunden.
Die Konsequenzen dieser Behauptung lauten: Eine Partnerschaft ohne Sexualität, eine Dauerbeziehung ohne andauernde Leidenschaft der Partner, eine Bindung ohne Begehren, ist keine *richtige* Partnerschaft. Sie ist mangelhaft oder gestört. Die Partner haben angeblich versagt.

Die Liebeslüge
Eine ebenfalls folgenreiche Lüge behauptet:
Liebe und Sexualität gehören untrennbar zusammen.
Der Begriff Liebe wird hier allerdings stillschweigend in einer ganz bestimmten Bedeutung gebraucht, nämlich als Liebe zwischen Ehepartnern bzw. eheähnlichen Dauerpartnern. Diese Liebe wird als angeblich *wahre*, *einzige* oder *tiefste* Form der Liebe idealisiert.
Die Konsequenzen dieser Anforderung lauten: Wer sich liebt, muss sich auch begehren. Wer sich nicht begehrt, liebt sich nicht wirklich.

Die Erlösungslüge
Die Erlösungslüge behauptet:
Man braucht lediglich den richtigen Partner zu finden, dann sind alle Bedürfnisse – ganz gleich ob geistiger,

emotionaler und erotischer Natur – miteinander dauer-
haft zu erfüllen.

An die Erlösungslüge wird besonders intensiv geglaubt, weil sie an die Sehnsucht der Partner anknüpft, endlich im Partnerhimmel anzukommen und für immer von allen Konflikten befreit zu sein.

Die Konsequenzen dieser Erwartung sind bekannt: Häufiger Partnerwechsel auf Grund der Überzeugung, den Richtigen noch nicht gefunden zu haben; ständige Kritik am Partner und endlose Versuche, ihn zu verändern; permanente Machtkämpfe, Unzufriedenheit und Nörgelei.

Die Techniklüge

Die vierte Liebeslüge versichert:
Befriedigende Sexualität in der Partnerschaft erfordert das Wissen um ihr Funktionieren und Beherrschen ihrer Techniken.

Wer die raffinierten Praktiken und Geheimnisse der sexuellen Liebe kennt, erhält so Begehren und Leidenschaft in der Beziehung lebendig.

Diese moderne Lüge wird vor allem von Sexualwissenschaftlern, Psychotherapeuten und Esoterikern verbreitet. Durch bestimmte Praktiken und Übungen wird eine zufrieden stellende, anhaltende, lebendige, sich ständig steigernde oder höhere Sexualität in der Partnerschaft versprochen.

Die Konsequenzen dieser Lüge bedeuten: Anstrengung und Leistungszwang. Sexualität lässt sich „erarbeiten" und Befriedigung wird als gegenseitige Verpflichtung gesehen.

Die Partnerlüge

In der Partnerlüge machen die Partner einander die ideale Beziehung vor.

Zu diesen Partnerlügen gehören beispielsweise Beteuerungen, nur den anderen schön und begehrenswert zu finden, vorgetäuschte Orgasmen, verschwiegene sexuelle Frustrationen, geleugnete Fantasien, heimliches Fremdgehen und Doppelleben.

Die Konsequenzen der Partnerlügen lauten: Eigene und gegenseitige Überforderung und dadurch Belastung der Beziehung. Frustration und eine wachsende Bereitschaft zum Abbruch der Beziehung. Verlust von Ehrlichkeit und Vertrauen und dadurch Distanz der Partner zueinander.

Selbstverständlich sind die einzelnen Liebeslügen miteinander verbunden. Die Analyse und Beschreibung der Liebeslügen machen es aber notwendig, sie aus ihren Verflechtungen zu lösen und in eine überschaubare Form zu bringen. Die fünf geschilderten Varianten der Liebeslügen werden im realen Leben eher selten isoliert voneinander auftauchen, sondern meist in Kombination miteinander. Dadurch verstärken sie ihre destruktive Wirkung auf Partnerschaften.

Die fünf Liebeslügen als Gesamtkomplex prägen und beeinflussen heute das Beziehungsleben der Partner in negativer Hinsicht, produzieren Druck und Spannung. So traf ich bei meinen Recherchen nur auf wenige Paare, die sich offen zum Standpunkt bekennen konnten, eine von Sexualität freie Partnerschaft sei nicht nur »in Ordnung«, sondern durchaus wertvoll, erfüllt und erhaltenswert.

Sexualität scheint in der Vorstellung der meisten Menschen fest und untrennbar zu einer Partnerschaft zu gehören. Das war allerdings keineswegs immer so, wie der nun folgende kurze geschichtliche Überblick zeigen wird.

Partnerschaft und Sexualität im Wandel der Zeit

Zahlreiche Jahrhunderte lang wurde der angeblich untrennbare Zusammenhang von Partnerschaft und Sexualität von Kirche und Staat als »gottgewollt« oder »natürlich« hingestellt. Heute wird er aus psychologischer Sicht als Ausdruck »reifer« oder »erwachsener« Beziehungen zwischen Mann und Frau gewertet. Diese verschiedenartigen Sichtweisen vermochten es jedoch nicht, das Ideal einer dauerhaft leidenschaftlichen Lebenspartnerschaft in Frage zu stellen oder zu ersetzen. So ist allgemein der falsche Eindruck entstanden, das beschriebene Partnerschaftsideal habe schon immer die Verhältnisse zwischen Mann und Frau geprägt und geordnet. Hierzu hat sicher auch die Schule durch eine unvollständige und einseitige Geschichtsdarstellung beigetragen, die falsche und verklärte Eindrücke über Ehe, Partnerschaft und Sexualität mitprägte.

Gehören Sexualität und Partnerschaft wirklich derart eng zusammen? Und haben Menschen stets an einen solchen Zusammenhang geglaubt? Diese Fragen sind von so grundsätzlicher Bedeutung, dass ich an dieser Stelle einen, natürlich nicht umfassenden, aber die wichtigsten Facetten des Themas aufgreifenden geschichtlichen Überblick für angebracht halte, der von den Urkulturen bis zur Neuzeit reicht und manche erstaunlichen Tatsachen hervorbringen wird. Leider können wichtige Aspekte und Entwicklungen hier nur gestreift werden. Wer Ausführliches zum Thema sucht, der sei auf die weiterführende Literatur im Anhang und in den Fußnoten verwiesen.[3]

Der historische Abriss wird unter anderem zeigen, dass
- die heute verbreitete Ansicht vom Zusammenhang der Bereiche Partnerschaft und Sexualität über keinerlei geschichtliche Kontinuität verfügt,
- es zu allen Zeiten Partnerschaften frei von Sexualität und sexuelle Beziehungen unabhängig von Partnerschaften gab,
- alte Kulturen neben der Ehe über andere Formen legalisierter Geschlechtsbeziehungen verfügten,
- das Gebot sexueller Treue in der Ehe auf wirtschaftliche Gründe zurückzuführen ist,
- einem Großteil der Bevölkerung die Heirat bis ins 19. Jahrhundert aus Mangel an Besitz streng verboten war, und wie die Kirche hiervon profitierte,
- die öffentlich registrierte und unauflösliche Einehe erst im 17. Jahrhundert durch Kirche und Staat als einzig gültige Geschlechtsbeziehung zwischen Mann und Frau etabliert werden konnte,[4]
- die Idee, eine Ehe solle allein auf Liebe begründet sein und mit dem Zerfall der Liebe ebenfalls enden, erst in der Romantik aufkam,
- die Vorstellung, in einer Partnerschaft könne Sexualität durch »Arbeit an der Beziehung« auf Dauer erhalten bleiben, erst im 20. Jahrundert entstand.

Auf Grund der folgenden Schilderungen erscheinen Selbstverständlichkeit, Permanenz und Penetranz, mit denen der angeblich natürliche Zusammenhang von Sexualität und Partnerschaft immer wieder postuliert wird, umso erstaunlicher. Allein durch die beharrliche Wiederholung erscheint das Ideal realistisch, erstrebenswert und erreichbar und wird daher kaum mehr angezweifelt. Aber menschliche Sexualität, dies wird eine weitere wichtige Erkenntnis am Ende der historischen Kurzdarstellung sein, stellt im Gegensatz zur landläufigen Auffassung keine feste Größe dar. Sexualität ist, wie es der britische Soziologieprofessor Ken Plummer ausdrückt, »flüssig und veränderbar«.[5] Sie reagiert heute wie im Laufe der Jahrhunderte erstaunlich flexibel auf sich verändernde Bedingungen des Lebens. So relativiert der Ausflug in die Historie nebenbei manche Anschauung moralischer Art.

Kulturelle und historische Einflüsse

In den **Urkulturen** wurde die »Ehe«, als eine verbindliche Form der Partnerschaft, noch recht formlos vollzogen. Partnerschaftliche Bindungen waren leicht herzustellen und auch leicht wieder zu lösen, und dementsprechend spielte geschlechtliche Treue eine untergeordnete Rolle.
An den südamerikanischen Yanomami-Indianern, Beispiel einer uralten Kultur, lässt sich dieses ursprüngliche Partnerschaftsverständnis zeigen.
Mann und Frau leben mit ihren Kindern im Familienverband in einer Hütte des Runddorfes. Die Sexualität der Ehepartner findet in der Hütte statt, außereheliche sexuelle Kontakte sind üblich und werden im Wald gepflegt. Für alle Stammesmitglieder ist diese Praxis Bestandteil des zwischenmenschlichen Umgangs miteinan-

der, den sie wohlwollend tolerieren. Auch bei den Pygmäen sind »Männer und Seitensprünge« kein Drama,
sondern beliebte Gesprächsthemen der Frauen, über die
sich sich gerne und interessiert austauschen.[6]
Die Sexualität der Urvölker diente einerseits der Zeugung von Nachkommen, war aber ebenso am Genuss
orientiert und nicht allein für feste Partnerschaften
reserviert. Erst allmählich und forciert durch die wirtschaftliche Entwicklung, den damit entstehenden materiellen Besitz und das wachsende Interesse von Ver-
wandtschaftsverbänden am Erhalt und der eindeutigen
Vererbung des Besitzes, wurde es überhaupt interessant,
ehelichen Bindungen durch Geschenke und Kontrakte
eine festere Form zu geben.

Außer bei den heute noch existierenden Urkulturvöl-
kern finden sich Belege für das Verhältnis von Partnerschaft und Sexualität auch bei längst untergegangenen
Hochkulturen, wie z. B. bei den **Babyloniern**. Im babylonischen Gesetz, der Gesetzgebung Hammurabis, findet sich etwa 2000 vor Christi erstmals ein schriftlich
festgehaltenes Eherecht. Darin wurde die Einehe als
Grundlage der Familie gesehen und durch den Ehevertrag bekräftigt. Eine Scheidung der Ehe war durchaus
möglich, wenn die Eheleute ihren gegenseitigen Pflichten, also vor allem der Kindzeugung, nicht nachkamen.
Ziel der babylonischen Ehe war die Regelung von Wirt-
schafts- und Erbangelegenheiten. War der Mann untreu,
brauchte er, wie in allen patriarchalischen Systemen,
kaum ernsthafte Konsequenzen zu fürchten, denn die
Ehe diente dazu, ihm Nachkommen zu verschaffen. Neben seiner Frau waren dem Mann auch Konkubinen gestattet, die er sogar mit in sein Haus nehmen durfte. Die

Prostitution, die als öffentliche Einrichtung an die Tempel gebunden war und von beiden Geschlechtern betrieben wurde, bot eine zusätzliche Möglichkeit sexueller Betätigung außerhalb der ehelichen Partnerschaft.[7]

Ähnliches wie für die Babylonier galt auch für die **Hebräer**. Ihre Ehe diente allein der Fortpflanzung und konnte aufgelöst werden, wenn sie diesen Zweck nicht erfüllte. Handfeste, ökonomische und sozialpolitische Gründe lagen dem Prinzip der Leviratsehe zu Grunde: Danach konnte ein Mann zur Ehe mit der Witwe seines Bruders gezwungen werden, um den Erhalt des Bruderstammes sicherzustellen.

Im griechischen **Sparta** heirateten Männer und Frauen bereits vor dem zwanzigsten Lebensjahr, lebten in der Regel aber noch bis zum dreißigsten Lebensjahr getrennt voneinander in einer Art »Ehe auf Probe«. Diese Verbindung war leicht zu lösen, und Ehebruch wurde nicht als gravierend angesehen. Selbst Gefühle wie Eifersucht waren für die Partnerbeziehung von zweitrangiger Bedeutung und wurden den gerade herrschenden Lebensumständen untergeordnet: So kam es vor, dass in Perioden großer Armut Brüder gemeinsam eine Frau nahmen. Männer waren im alten Griechenland in ihrem Sexualleben recht frei, solange sie nicht mit den Ehefrauen griechischer Bürger schliefen. Sie unterhielten ausgiebige sexuelle Beziehungen zu Sklavinnen, Prostituierten und Hetären (»Gefährtinnen der Männer«).

Auch bei den **Römern** existierte neben der Einehe das Konkubinat als eine weitere Form legaler Geschlechtsbeziehung zwischen Mann und Frau. Die Geliebten waren Frauen gehobener Herkunft und wurden von wohlhabenden Männern ausgehalten. Kinder aus diesen Verbindungen waren jedoch nicht erbberechtigt. In der römischen Kaiserzeit war die Ehescheidung durch einfache Willenserklärung eines der beiden Gatten möglich. Durchaus üblich war es auch, einem Freund die eigene Gattin »auszuleihen«. Ehe *und* Sexualität wurden auf diese Weise zur Pflege politischer Verbindungen und Mehrung materiellen Reichtums genutzt.

Ehefrauen hatten im alten Rom nicht die gleiche eheliche Zeugungsverpflichtung wie beispielsweise in Griechenland, weil die Möglichkeit der Adoption verbreitet war. Deshalb wurde von der römischen Ehefrau erwartet, dem Mann auch sexuelles Vergnügen zu bereiten. Gelang ihr das nicht, ging der Mann zur Prostituierten. Man sah in der Prostitution nichts Unmoralisches, sondern ganz im Gegenteil eine Einrichtung zum Schutz der Ehe. Unzufriedene Männer wurden davon abgehalten, sich in andere Ehen einzumischen.

Die Römer betrachteten den Sexualtrieb als etwas Natürliches, das nicht unnötig eingeschränkt werden sollte. Da diese Auffassung gleichermaßen für Mann und Frau galt, hielten es die Römer mit der Treue recht locker und ermöglichten Scheidungen für beide Seiten, wenn die Ehepartner nicht miteinander leben konnten.

Die freie Liebe und Verführungskunst erfreute sich großer Wertschätzung und wurde von den Dichtern Roms in Lobliedern besungen, die sich an die Damen der Halbwelt ebenso wandten wie an verheiratete Bürgersfrauen.[8] Der Geliebten wurde gehuldigt, der Mann bemühte sich um sie. Die römischen Männer glaubten, das wahre Liebesband dürfe nicht auf materiellen Vorteilen beruhen, sondern auf erotischem Vergnügen.

Das handfeste Verhältnis der Römer zur Sexualität zeigt sich auch in der Rechtfertigung des Massakers an den Christen nach dem Brand Roms im Jahre 64. Obwohl sich keine Beweise für die Verursachung des Brandes durch die Christen ergaben, wurden sie mit der Begründung verfolgt und ermordet, sie hätten sich »des Hasses gegen das Menschengeschlecht« schuldig gemacht. Damit wurde auf die sexualfeindliche Haltung der Christen und ihrer neuen Moralvorstellungen abgezielt.[9]

Parallel zu Griechen und Römern existierten auch bei den **Germanen** mehrere Varianten legaler Geschlechtsbeziehungen nebeneinander – die dotierte *Muntehe*, die *Friedelehe* und die *Kebsehe*. Die Muntehe wurde zwischen dem Vormund der Braut und dem Bräutigam vereinbart. Dieser hatte einen *Muntschatz* aufzubringen, und die Braut brachte eine Mitgift in die Ehe ein. Die Ehe wurde durch den Vollzug des ersten Geschlechtsaktes gültig, der von Zeugen überwacht wurde. Diese Muntehe war nur unter bestimmten Voraussetzungen zu lösen. Die Friedelehe dagegen beruhte nicht auf dem Austausch von Vermögen, sondern auf gegenseitiger Zuneigung. Sie wurde geschlossen, wenn keine Standesgemeinschaft gewünscht war, beispielsweise weil die Frau einem höheren Stand angehörte und sie und ihr Vermögen nicht unter die *Munt* (den Schutz) des Mannes geraten sollten. Eine solche Friedelehe konnte von beiden Partnern aufgelöst werden. Die Kebsehe wurde zwischen freien Männern und unfreien Frauen geschlossen. Durch sie erhielt die Frau keine Rechte, aber der Mann sicherte sich das Recht auf sexuelle Kontakte. Die Germanen, ebenso wie alle anderen Völker dieser Zeit, regelten also ökonomische Notwendigkeiten durch die

Ehe und erlaubten daneben der Sexualität, eigene Wege zu gehen.

Der bisherige Blick auf die Geschichte zeigt: Keine der alten Kulturen schmiedete Sexualität und Partnerschaft unlösbar aneinander. Zwar war Sexualität über die Fortpflanzung Gegenstand vertraglicher Regelung (Ehe gleich Vertrag), aber sie war nicht für die Ehe reserviert. Im Gegenteil, sexueller Genuss wurde vorwiegend außerhalb der Ehepartnerschaft gesucht, während in der Ehe die sexuelle Pflicht zum Zweck der Kindszeugung verlangt wurde. Erst im Mittelalter, also etwa ab dem achten Jahrhundert, sollte sich dies allmählich ändern.

Mittelalter und bürgerliche Gesellschaft

Bereits Jesus propagiert im Neuen Testament[10] mit der Unauflöslichkeit der Ehe und der Treueforderung ein neues Eheprinzip.[11] In der Folge wurde die Scheidung, die in der mosaischen Gesetzgebung und bei den Völkern der Antike legal war, von den Urchristen zum ersten Mal als sündig angesehen.

Aber auch diese Neuerung der Ehevorstellung fußte auf ökonomischen Zusammenhängen. Das kleine Palästina war restlos übervölkert. Da Abtreibung moralisch schon im mosaischen Gesetz verboten war und Enthaltsamkeit als Mittel zur Reduzierung der Bevölkerung nicht durchgesetzt werden konnte, blieb die Treue in der Ehe die einzige Möglichkeit, den Kinderreichtum einzuschränken. Darüber hinaus hatten die frühen Christen zur Sexualität *in* der Ehe ein positives Verhältnis, ganz abgesehen davon, dass ihre Treueforderung auch in den eigenen Reihen wenig beachtet wurde. Eine generelle Sexualfeindlichkeit der Christen kam in den ersten Jahrhunderten erst im Schatten mönchischer Einflüsse auf, indem sich Regeln des mönchischen »Kampfes um die Keuschheit« auf das Leben christlicher Laien auswirkten.[12]

Mit Beginn des Mittelalters erstarkte die christliche Kirche in Europa, und der Klerus – Kardinäle, Bischöfe und Ordensgemeinschaften – gewann zunehmend an Einfluss auf die politischen, wirtschaftlichen und gesellschaftlichen Verhältnisse. Im Zuge dessen gelang es, wenn auch nur sehr langsam und keineswegs durchgehend, das christliche Ideal der unauflöslichen Ehe im europäischen Raum zu verbreiten und teilweise durchzusetzen. Dadurch wurde die bisher freie Sexualität an die nunmehr einzig legale Form der Geschlechtsbeziehung, die Ehe, gebunden.

Waren bisher allein wirtschaftliche Gründe ausschlaggebend für eine Ehe gewesen, so sollte nach christlicher Ideologie ein Konsens zwischen den Eheleuten das Band der Ehe begründen. Dieser Konsensgedanke war zwar praktisch kaum umsetzbar, denn materielle, soziale und politische Motive gaben bei der Eheschließung bis ins 20. Jahrhundert den Ausschlag. Trotzdem wurde auf Grund der christlichen Dogmen der Einfluss der Familien auf die Eheschließung zurückgedrängt und der Prozess der Individualisierung der Ehe beschleunigt. Die Ehe geriet langsam aber sicher aus dem Einflussbereich der Familien und zunehmend unter die Kontrolle der Kirche.

Quer durch das Mittelalter hielten sich aber legale und illegale Geschlechtsverbindungen neben der Ehe, wie Prostitution, das Konkubinat oder auch das bis ins 12. Jahrhundert sehr verbreitete Priesterkonkubinat, dem viele Bischöfe und auch Päpste einen reichen Kindersegen verdankten. Die Durchsetzung christlicher Normen gelang der Kirche also weder in den eigenen Reihen noch in der Ständegesellschaft vollständig und durchgehend. Leidenschaft und Sexualität ganz für die Ehe zu reservieren sollte sich, trotz massiver und barbarischer Strafen für Ehebruch im späten Mittelalter, als unmöglich erweisen. Zudem ergaben sich je nach Stand beträchtliche Unterschiede im Umgang mit Ehe und Sexualität, auf die ich ebenfalls kurz eingehen möchte.

Für den **Adel** war es überlebenswichtig, Ehen entsprechend politischer und wirtschaftlicher Interessen einzugehen und auch lösen zu können. Deshalb hielten Adelige nie viel vom kirchlichen Ehedogma. Die Kirche setzte diese Bedingung im Adelsstand erst im 13. Jahrhundert trickreich durch, indem sie vielfältige Ausnahmen vom Verbot der Scheidung und auch die verbotene Wiederheirat ermöglichte, allerdings nur gegen entsprechende Bezahlung.

Jahrhundertelang waren die Genehmigung eigentlich verbotener Ehen durch Dispens, der teuer bezahlt werden musste, sowie die Ungültigerklärung bereits geschlossener Ehen in der Oberschicht ein wichtiges Mittel der Kirche, ihre Macht und ihren Reichtum zu mehren; auf diesem Wege setzte sie allmählich die Doktrin von der Unauflöslichkeit der Ehe durch und brachte nach und nach die Kontrolle über alle Eheangelegenheiten an sich.[13]

Die Sexualität wurde in der Adelsehe als reine Pflichterfüllung betrachtet. Die Ehepartner hielten emotional Distanz zueinander, Küsse und Umarmungen waren verpönt. Leidenschaft hatte in der Ehe nichts zu suchen, sondern wurde andernorts gelebt und fand sich lyrisch idealisiert und überhöht im Minnegesang wieder, wo sie stets verheirateten, unerreichbaren Frauen galt. Die höfische Auffassung verachtete die Ehetreue. Die Kirche konnte auf den Adel nur eingeschränkt Einfluss nehmen und dessen sexuelle Freizügigkeit und Orgien nicht verhindern. Prostitution und Mätressenwesen gediehen an allen europäischen Höfen.

Mehr Einfluss erlangte die Kirche unterdessen auf das einfache **Volk**. Dort konnte Ehebruch durch kirchliches Recht, etwa durch Exkommunikation, und weltliches Recht, etwa durch Schlagen oder gar Töten durch den Ehemann, bestraft werden. Die in den neu entstandenen Städten aufblühenden und von der Obrigkeit vielfach geförderten Bordelle und sinnlichen Badeanstalten wurden im späteren Mittelalter geschlossen, und die rigide Sexualmoral nahm nun auch unter dem Einfluss der Reformation zu.

Von der zweiten Hälfte des 16. Jahrhunderts an gingen Staat und Kirche gemeinsam gegen formlos begründete Lebensgemeinschaften vor.[14]

Im Gegensatz zum Adel verfügte das besitzlose Volk allerdings nicht über die Ehefähigkeit und befand sich damit in der Klemme.

Unfreie und Arme, Knechte und Mägde, städtische Dienstboten, Handwerksgesellen, Soldaten und Angehörige anderer sozialen Gruppen durften nicht oder nicht ohne besondere Genehmigung heiraten.[15]

Armen Leuten war die Heirat also streng untersagt, und dieses Verbot behielt man bis zum Ende des 19. Jahrhunderts bei. Vor dem Siegeszug des christlichen Ehedogmas war Sexualität frei und auch für Mittellose legal gewesen. Nun wurde *legale* Sexualität für das einfache Volk unmöglich. Ihm blieb daher oftmals nur, in wilder Ehe zu leben, die Prostitution zu wählen oder andere »verwerfliche« Formen der Sexualität wie die Onanie zu praktizieren, wenn sie auf Sexualität nicht ganz verzichten wollten. Zu Sündern wurden sie in jeden Fall.

Die Verweigerung der Ehe gegenüber Besitzlosen war für die Kirche auch unter materiellen Gesichtspunkten überaus vorteilhaft.

Durch das ganze Mittelalter haben geistliche und weltliche Grundherren ihre Leibeigenen nach Belieben verkauft, vertauscht, verschenkt.[16]

Zu diesen Leibeigenen gehörten auch Frauen in Diensten der Kirche, Mägde, Kinder von Klerikern und uneheliche Kinder, von denen es dank des Heiratsverbotes jede Menge gab. Man verfügte also stets über genügend »illegales« und rechtloses Menschenmaterial, das man schuften lassen oder verkaufen konnte.

Die gesellschaftlichen Schichten der **Bauern und Handwerker** gehörten dagegen zu den besitzenden Ständen, weshalb ihnen der Zugang zur Ehe offen stand. Auch sie heirateten fast ausschließlich innerhalb ihrer Schicht und auf Grund ökonomischer Interessen. Land, Vieh und Mitgift gaben hier stets den Ausschlag. Deshalb war auch die Heirat zwischen Verwandten durchaus üblich, denn so konnte das Vermögen in der Familie gehalten werden. Im Handwerk war die Heirat durch Zunftordnungen geregelt. So wurde die Witwe eines Handwerkers in einigen Zünften sogar dazu verpflichtet, einen der Gesellen zu heiraten, wenn sie den Betrieb nicht verlieren wollte.

Bei Bauern und Handwerkern stieß das christliche Gebot der unauflöslichen Ehe auf wenig Widerstand, da »die stabilitas der Ehe eine Voraussetzung für die stabilitas der gesamten (ländlichen) Gemeinschaft bildete«.[17] Sexualität sollte aber auch in diesen Ständen wie überhaupt nach christlicher Auffassung einzig und allein der Fortpflanzung dienen und keineswegs Lust bereiten. Sex zwischen Eheleuten sollte still, lautlos und im Verborgenen als eheliche Pflichterfüllung ablaufen. Alles andere wurde aus kirlicher Sicht als sündig verdammt.

Frühindustrielles Zeitalter und aufkommendes Bürgertum

Die fortschreitende Industrialisierung sorgte im 19. Jahrhundert schließlich für einen grundlegenden Umbau der Gesellschaft. Damit ging auch einher, dass das aufkommende Lohnarbeitertum und das an Macht und Reichtum gewinnende Bürgertum die Grundlagen für die Geschlechtsbeziehung veränderten.

Zuerst bei **Heimarbeitern** und später bei **Lohnarbeitern** leitete sich eine Veränderung der materiellen Ehegrundlage ein. Da Überleben in diesen Bevölkerungsgruppen unabhängig von Landbesitz und Geldvermögen durch der Hände Arbeit möglich wurde, ließ sich die Ehe zunehmend auch auf Gefühle gründen. Die Auswahl des Ehepartners wurde nun auch von Zuneigung und Attraktivität geleitet, zumindest in der Vorstellung der Partner, denn der gemeinsame Kampf ums materielle Überleben band sie real aneinander und ließ nicht allzu viel Platz für die Liebe.

Im erstarkenden und relativ wohlhabenden **Bürgertum** bildete sich als Ehemotiv eine Mischung aus materieller Grundlage und persönlicher Zuneigung. Das Geld spielte zwar die ausschlaggebende Rolle bei der Partnerwahl, aber die Partner sollten sich auch mögen, also einander emotional zugeneigt sein. Diese Erwartung, Ehepartner sollten einander lieben, war geschichtlich neu. Sie wurde durch die vorher unbekannte Trennung von Arbeits- und Wohnstatt unterstützt, denn mit dieser neuen Distanz zwischen Männern und Frauen nahm auch die Idealisierung der sexuellen Beziehung zu.

Grundlage der (bürgerlichen) Ehe ist die Liebe, eine romantische Liebe, die ihr Objekt idealisiert und durch die Distanz zwischen heranwachsenden Jungen und Mädchen, durch eine geschlechtsspezifische Erziehung, genährt wird.[18]

Dieser Aspekt ist besonders interessant. Die Geschlechtertrennung ermöglichte es, die Liebe zu idealisieren. Weil Jungen und Mädchen getrennt erzogen wurden, konnten sie ungehemmt und unbelehrt durch eigene Erfahrung voneinander träumen. Diese Distanz verklärte und überhöhte die Liebe und bot sie als Projektionsfläche für eigene Glücks- und Erlösungswünsche an.

Hier sind wir nun am historischen Wendepunkt des Verhältnisses von Partnerschaft und Sexualität angekommen. Denn das bürgerliche Eheideal markierte den Übergang von der rein materiell fundierten Sachehe zur emotional begründeten Liebesehe.
Im bürgerlichen Ideal sind beide Forderungen enthalten, einerseits die Forderung zur Besitzwahrung und andererseits der Liebesanspruch. Diese beiden Bedingungen an die Mann/Frau-Beziehung, die bisher entweder in-

nerhalb oder außerhalb der Ehe mit verschiedenen Partnern erfüllt wurden, sollten nun innerhalb der Ehe mit ein und demselben Partner dauerhaft gelebt werden. Am besten in vernünftiger Abfolge: Die romantische Liebesbeziehung vor und die nüchterne Ehebeziehung nach der Heirat – daher der Begriff »Vernunftehe«.

In der Praxis der bürgerlichen Ehe entstand daher eine ausgeprägte Doppelmoral. Die Vernunftehe war kaum durchzuhalten, denn Liebe und Ratio wollten nicht paktieren. In Folge der Beschränkung der Sexualität auf die Ehe nahm die Zahl der Bordelle sprunghaft zu, und das bürgerliche Eheideal geriet zunehmend unter gesellschaftliche Kritik.

Das romantische Liebesideal

Als Gegenvorstellung zum bürgerlichen Ideal der Vernunftehe wurde deshalb in der **Romantik** die Idee der reinen Liebesehe propagiert. Eine Ehe sollte nun nicht bloß durch Liebe eingeleitet werden, wie das bürgerliche Ideal es vorschlug, sondern auch ihre Dauer sollte einzig durch die Liebesgefühle der Partner gerechtfertigt sein. Wenn die Liebe verging, sollte auch die Ehe nicht bestehen bleiben müssen.

Mit diesem romantischen Ideal wurde die Vorstellung vom *wahren* und *einzigen* Partner geboren. Da man diesen Partner aber (damals wie heute) nicht auf Anhieb oder nicht auf Dauer finden konnte, sondern dabei auf Versuch und Irrtum angewiesen war, entstand eine Rechtfertigung für wechselnde Partnerschaften. Dies war die Geburtsstunde der seriellen Monogamie. Das christliche Ehedogma, die Idee der Unauflöslichkeit der Ehe, geriet in der Folge dieser Entwicklung nun allmählich ins Wanken, und die Ehe zerfiel zunehmend, weil sie dem Anspruch emotionaler Liebe nicht nachkommen konnte. Es zeigt sich bis heute, dass Partner, vor die harte Alternative unauflösliche Ehe oder freie Liebe gestellt, sich für die freie Liebe und gegen die Ehe entscheiden.[19]

Beziehungen heute

Heute haben sich Sitten und Wertvorstellungen stark gelockert, der voreheliche Geschlechtsverkehr ist normal geworden, und die Gesetzgebung hat mit liberalen Rechtsvorschriften reagiert. Homosexuelle Lebensformen sind legalisiert, und die Ehe überwindet offiziell die Geschlechtergrenze. Männer sollen Männer und Frauen sollen Frauen heiraten können, und diese Paare sollen auch Kinder adoptieren können.

Die Gegenwart zeigt sich in Bezug auf die Möglichkeiten der Mann/Frau-Beziehung also außerordentlich vielfältig. Die Partner haben scheinbar freie Wahl über die Motive und die Form ihrer Partnerschaft. Sie können materiellen, vernünftigen, romantischen oder religiösen Idealen folgen oder einer Mischung aus alledem. Sie können in der Ehe, außerhalb der Ehe, in heterosexuellen oder auch in homosexuellen Partnerschaften leben. Partner sind in der Gestaltung ihrer Beziehungen frei. Sie sind in der glücklichen und zugleich misslichen Lage, ihre Partnerschaft weitgehend selbst definieren zu müssen. Durch die gegenwärtige Entwicklung ist Partnerschaft gewissermaßen »demokratisiert«. Sie ist nicht länger Sache der Familie, des Staates oder der Kirche, sondern einzig und allein Angelegenheit des Paares und seiner eigenen Lebensweise.

Aus heutiger Sicht erscheint Partnerschaft also frei gestaltbar. Jedes Paar kann, im gesellschaftlichen Rahmen von Idealen und Mythen, über seine Beziehung und deren Regeln verhandeln. In dieser Vorstellung gilt eine Beziehung daher weniger als ein festes, definiertes Ding, sondern vielmehr als ein wandelbarer Prozess zwischen zwei Menschen, vergleichbar etwa einem lebendigen Wesen, das in dieser Form nur zwischen diesen beiden Menschen entsteht.[20]

Da die Ehe und eheänliche Partnerschaften heute von materiellen Versorgungsaufgaben und Zwängen weitgehend befreit sind, soll die Liebe eine immer größere Rolle darin spielen. Daher wird es immer schwieriger, eine dauerhafte Beziehung zu führen. Als besonderes Problem erweist sich dabei die Integration der Sexualität in die Partnerschaft und die neue Bedeutung, die dieser darin zukommt. Eine Partnerschaft soll nicht mehr bloß Sexualität bieten, sondern sogar auf *leidenschaftlicher* Sexualität *beruhen*. In dieser Vorstellung gerät Sex zur notwendigen Voraussetzung für den Erhalt von Dauerbeziehungen.

Partner suchen beim Versuch, diese Vorstellungen umzusetzen, nach neuen Orientierungen. Diese werden heute durch Paarberater und Psychologen angeboten. Die Experten der Liebe entwerfen aktuell vor dem Hintergrund des romantischen Liebesideals und seiner mangelnden Realisierbarkeit die Vorstellung, Partnerschaft sei ein Lernprozess. Liebe zwischen den Partnern sei nicht, wie im romantischen Ideal angenommen, allein durch die Phase der Verliebtheit garantiert, sondern die Partner müssten gemeinsam an ihrer Beziehung arbeiten, um Liebe und sexuelles Begehren darin lebendig zu erhalten, ja, sie müssten sogar an ihrer Sexualität arbeiten. Und die Experten behaupten, dies sei im Grunde für alle Paare machbar.

So weit die Darstellung geschichtlicher Abläufe in Bezug auf die angeblich natürliche Verbindung von Partnerschaft und Sexualität. Der Überblick zeigt: Die Gestaltung der Geschlechterbeziehungen hat sich nie gradlinig entwickelt, sondern war, auf Grund wirtschaftlicher, sozialer, kultureller und religiöser Einflüsse, stets starken Schwankungen und Veränderungen ausgesetzt.

Daher lautet ein Zwischenfazit zur ersten Liebeslüge: Liebe und Sexualität waren nie in eine feste Form gegossen, und die Vorstellung einer so genannten »natürlichen Geschlechtsbeziehung« zwischen Mann und Frau gehört in den Bereich der Sagen und Märchen.

Kommen wir nun zur Situation der Partner im beginnenden 21. Jahrhundert und zu den fünf wichtigsten Liebeslügen, denen Beziehungen ausgesetzt sind.

Lüge Nr. 1: Die Partnerschaftslüge

Partnerschaft und Sexualität sind untrennbar miteinander verbunden. So lautet die meiner Ansicht nach folgenschwerste Liebeslüge, die ich an den Anfang der konkreten Betrachtung des Themas stelle und als *Die Partnerschaftslüge* bezeichne.

Als Konsequenz dieser Überzeugung betrachten Menschen eine Langzeitbeziehung frei von Sexualität als gestört und Formen der Sexualität außerhalb der Paarbeziehung als unvollkommen oder verwerflich. In beiden Fällen fühlen sie sich schuldig und minderwertig und meinen, als Partner versagt zu haben.

Diese erste und bedeutendste Liebeslüge fällt als Lüge nicht ohne weiteres auf, weil die Meinung, Partnerschaft und Sexualität seien untrennbar miteinander verbunden, in den Vorstellungen und Ansprüchen beinahe aller Menschen zu finden ist.

Zweierlei Partnerschaften – zweierlei Aufgaben

Im historischen Exkurs deutet sich bereits an, dass die Geschichte zwei grundsätzlich verschiedene Beziehungsformen hervorgebracht hat. Zum einen beziehen sich Mann und Frau als *Lebenspartner*, zum anderen als *Sexualpartner* aufeinander. Um diese Beziehungsformen unterscheiden zu können, möchte ich die Begriffe *Lebenspartnerschaft* und *Sexualpartnerschaft* verwenden. Der geschichtliche Überblick hat aber auch gezeigt, dass die verbreitete Annahme, Lebenspartnerschaft habe stets zugleich auch Sexualpartnerschaft bedeutet, eindeutig falsch ist. Wahr ist, dass beide Beziehungsformen getrennt voneinander auftreten. Erst seit knapp 200 Jahren wird versucht, und auch das mit wenig Erfolg, sie dauerhaft zusammenzuführen.

Es kann aber kein Zufall sein, dass zwei Formen der Geschlechterbeziehung entstanden sind, die sich seit vielen Jahrhunderten halten. Es muss ein Sinn dahinter liegen, der darin besteht, dass jede dieser Beziehungsformen einen bestimmten Zweck erfüllt.

Lebenspartnerschaft

Was ist der Zweck einer Lebenspartnerschaft? In der Lebenspartnerschaft kommen Mann und Frau zusammen, um in Ergänzung ihrer Fähigkeiten gemeinsam das alltägliche Leben zu bewältigen. Die Aufgabe der Lebenspartnerschaft erweist sich in ihrem Kern daher als *Überleben*spartnerschaft. Dabei deckt sie zwei wichtige Aspekte des Überlebens ab: die materielle und die emotionale Seite menschlicher Existenz.

Materielle Partnerschaft:

Menschen gehen Partnerschaften also auch deshalb ein, um ihr materielles Wohlergehen zu sichern. Dieses Motiv der Partnerwahl existiert bis heute und spielte früher die Hauptrolle. Besitzwahrung, Machterhalt, Kindererziehung, Erb- und Versorgungsregelungen lagen im Interesse des Clans, der Familie oder der Gesellschaft und bildeten die Grundlage der ehelichen Lebensgemeinschaft. Die traditionelle Ehe wurde keinesfalls auf Grund von Gefühlen geschlossen. Auch Fragen der Persönlichkeit der Partner, der Liebe, gegenseitiger Sympathie oder Abneigung und andere Merkmale einer Beziehung mussten hinter der gemeinsamen Versorgungsaufgabe zurückstehen. Mehr noch: Emotionale und leidenschaftliche Ansprüche an die Partnerschaft waren unerwünscht, wurden als störend empfunden und für die Dauerbeziehung als gefährlich betrachtet. Ehepartner sollten sich nicht leidenschaftlich begegnen, sondern distanziert miteinander umgehen. Mann und Frau sollten ihre Rollen einnehmen und ihre ehelichen Aufgaben erfüllen, mehr nicht. Dann galten sie als »gute« Ehepartner.

Psychisch-emotionale Partnerschaft:
Heute brauchen Partner einander meist nicht mehr zur Existenzsicherung, sondern um komfortabel durch das Leben zu gelangen. Die Hauptaufgabe moderner Dauerbeziehungen besteht in gegenseitiger emotionaler und psychischer Begleitung und in der Unterstützung persönlicher Entwicklungen. Partner entwickeln im Laufe der Jahre, in denen sie zusammenleben, eine besondere Vertrautheit und Gefühle partnerschaftlicher Geborgenheit, die permanenten Beziehungswechslern in dieser Kontinuität verwehrt bleiben. Eine solche Vertrautheit lebt von der Dauer und gewinnt dabei an Intensität. Das erlebt, wer einander über lange Zeiträume begleitet, ohne dazu gezwungen zu sein oder sich dazu gezwungen zu fühlen.

Es besteht auch heute, da die Menschen partnerschaftliche Beziehungen sehr viel leichter eingehen und lösen als in vorherigen Jahrhunderten, eine große Sehnsucht nach »qualitativen« Dauerbeziehungen. Denn zusätzlich erfüllt die moderne Partnerschaft eine psychische Aufgabe: Sie bietet dem Paar eine eigene Identität, die es durch seine gemeinsame Geschichte aufbaut.

Dieser identitätsstiftende Aspekt der Dauerpartnerschaft scheint umso wichtiger zu sein, je weniger Identität in den außerhalb der Beziehung liegenden Lebensbereichen, wie beispielsweise der Arbeit und dem gesellschaftlichen Leben, zu finden ist. Staat, Unternehmen und Gesellschaft bieten zunehmend weniger Gelegenheit, Gefühle der Zugehörigkeit zu entwickeln. So übernimmt die Partnerschaft diese Aufgabe. Sie wird zum Fels in der Brandung stetiger Veränderung.

Die wirkliche Ehe ist eine dauerhafte Gemeinschaft, eine lebendige und fruchtbare Dauer, die dem Tode trotzt – eine untergründige Revanche der dynamischen Kontinuität in einer Gesellschaft, die dem Augenblick und dem Bruch huldigt.[21]

Neben Identitätsstiftung übernimmt eine Partnerschaft emotional-psychische Aufgaben, die je nach Paar verschieden sein können. So mögen Partner zusammen sein, um sich grundlegende Bedürfnisse zu erfüllen, beispielsweise geistigen Austausch und tägliche Zuwendung. Oder Partner sind auf Grund einer wesensmäßigen Ergänzung zusammen, durch die sie sich in ihrer Person vervollständigt fühlen. Andere Partnerschaften werden geschlossen, um bestimmte Lebensprojekte, etwa das Projekt der Familiengründung, durchführen zu können. Weiterhin kann eine Partnerschaft dazu dienen, einen gemeinsamen Beziehungsmythos, also eine gemeinsame Glücksvorstellung, zu verwirklichen. Das könnte beispielsweise der Wunsch sein, eine »christliche Ehe« zu führen.

Da ich auf solche modernen Beziehungsgrundlagen schon an anderer Stelle ausführlich eingegangen bin,[22] betrachten wir nun die Aufgaben der zweiten Beziehungsform, der Sexualpartnerschaft.

Sexualpartnerschaft

Im Gegensatz zur Lebenspartnerschaft geht und ging es in der Sexualpartnerschaft nie ums Überleben und die Existenzsicherung. Hier kommen Mann und Frau zu dem Zweck zusammen, gemeinsam und aneinander triebhafte Lust, sexuelles Vergnügen, erotisches Erleben und sinnliche Erfüllung zu finden.

Alle kirchlichen und staatlichen Versuche, die Sexualität für die Fortpflanzung zu reservieren und auf die Ehe zu beschränken, sind, wie im historischen Überblick beschrieben, katastrophal fehlgeschlagen, haben unendliches Leid hervorgebracht und doch an der „Lust an der Lust" nichts, auch nicht das Mindeste, zu ändern vermocht. Deshalb ist die Sexualpartnerschaft durch die Idee allumfassender Partnerschaft keineswegs überflüssig geworden, und man findet auch heute etliche Formen von ihr außerhalb fester Beziehungen. Diese reichen von bezahlten Dienstleistungen über flüchtige und zufällige Sexualkontakte und organisierten Partnertausch in Pärchenclubs bis zur Beziehung zum Geliebten und nicht zuletzt der heute verbreiteten seriellen Monogamie.

Sexualität widersetzt sich zäh und effektiv jeder Domestizierung, was auf ihre fundamentale Bedeutung für den Menschen hinweist. Warum Lust und Begehren so wichtig sind und wieso sie sich nicht dauerhaft in die Lebenspartnerschaft einfügen wollen, werde ich im Kapitel *Die Liebeslüge* behandeln. Solange muss die Feststellung genügen, dass Lebenspartnerschaft und Sexualpartnerschaft keineswegs identische Ziele verfolgen, sondern grundverschiedene Aufgaben erfüllen.

Das Elend der modernen Beziehungsideale

Das moderne Partnerschaftsideal der Beziehung verlangt von den Partnern beide Aufgaben – die der Lebens- und die der Sexualpartnerschaft – in einer Beziehung dauerhaft zu bewältigen. Die Realität von Paaren zeigt jedoch, dass diese Anforderungen keineswegs immer und wenn, dann keineswegs dauerhaft mit dem gleichen Partner umsetzbar sind.

Nur eines scheint sicher: Leidenschaft und Partnerschaft können sowohl verbunden miteinander als auch getrennt voneinander auftreten. Sicher scheint aber auch, dass Sexualität in einer Langzeitbeziehung abnimmt und dass sie mit der Dauer auch an leidenschaftlicher Intensität verliert.

Seit nicht einmal zweihundert Jahren gilt die Liebesheirat als erstrebenswert. Davor wurde es abgelehnt, Liebe als Ehemotiv zu nehmen, und heute hat sich Liebe als Bedingung einer Dauerbeziehung vollständig durchgesetzt. Ja, darüber hinaus soll Sexualität mittlerweile die Grundlage der Partnerschaft bilden.

Liebe wird heute als Eingangstür zur Dauerpartnerschaft gesehen, oder genauer gesagt, die Verliebtheit. Diese Verliebtheit, also jene romantische Form der Liebe, die aus einem Rausch erzeugenden Cocktail psychischer Anteile und sexueller Begehrlichkeiten besteht, gestattet den Partnern zu Beginn ihrer Beziehung eine intensive sexuelle, ja eine wahrhaft leidenschaftliche Verbindung, weshalb die Beziehung für eine bestimmte Zeit als beinahe perfekt erlebt wird.

Während Vertrautheit und Alltagsnähe zunehmen, sollen jedoch unberührt davon Leidenschaft und Spannung erhalten bleiben. Diese Sehnsucht nach dauernder leidenschaftlicher Liebe ist durchaus nachvollziehbar. Wäre es nicht wunderbar, *alles* mit *einem* Partner *haben* zu können und das für *immer?!*

Doch hier klaffen Realität und Erwartung elendig weit auseinander. Das Wissen um den Widerspruch von Vertrautheit und Leidenschaft ist seit Jahrtausenden bekannt. Deshalb beispielsweise heirateten die Spartaner mit dem achtzehnten Lebensjahr, wohnten aber bis zum dreißigsten Lebensjahr getrennt voneinander. Durch diese Distanz wurde die Leidenschaft erhalten und damit die Geburtenrate erhöht. Schon damals hatte man also begriffen, dass Sexualität in einer distanzierten Partnerschaft die Qualität der Leidenschaft länger erhält.

Leidenschaft ist ein relativ kurz loderndes Feuer, das in der Lebenspartnerschaft früher oder später abkühlt oder erlischt. Auch wenn dies selbstverständlich zu sein scheint, finden sich Partner heute damit noch weniger ab als früher, wie die folgenden Beispiele aus meinem Beratungsalltag zeigen:

Ein Arzt (48) lebt seit achtzehn Jahren in einer Ehe, die er als wertvolle Partnerschaft beschreibt. Gemeinsame Interessen und gegenseitige Unterstützung hätten ein starkes Vertrauensband geschaffen. Auch sexuell kämen noch schöne Begegnungen zustande. Aber leider nur sehr selten. Ich will ihn gerade dazu beglückwünschen, nach achtzehn Jahren Ehe noch schönen Sex mit seiner Frau zu erleben, da bemerkt er mit traurigen Augen: »Was stimmt mit uns nicht? Was machen wir falsch, dass wir nicht mehr wie früher einander begehren?«

Eine Angestellte (36) hat seit zwei Jahren einen neuen Freund, den sie als „tollen Sozialpartner" bezeichnet.

Bei ihm könne sie sich auf eine bisher nie erlebte Weise offen zeigen. Leider findet sie ihn nicht besonders erotisch. »Ich sehne mich immer öfter nach einem ›Kerl‹ im Bett. Ich frage mich, warum es ausgerechnet mir nicht gelingt, einen Mann zu finden, der beides hat.«

Eine Lehrerin (39) hat bereits mehrere Trennungen hinnehmen müssen. Die Ursache scheint klar zu sein. »Ich schaffe es einfach nicht, einen Mann auf Dauer sexuell bei der Stange zu halten – das werfe ich mir vor. Ich fühle mich ungenügend, nicht gut genug, nicht schön genug.«[23]

Ein Computerspezialist (35) plagt sich mit seinem schlechten Gewissen. »Ich liebe meine Frau von ganzem Herzen. Umso schlimmer ist es für mich, dass ich sie sexuell nicht mehr begehre. Ich fühle mich schuldig.«

Ein Paar lebt seit vierzehn Jahren »eigentlich glücklich« zusammen.«Wir lieben uns, aber sexuell ist es nicht mehr so wie früher. Wir haben keine richtige Beziehung mehr. Bevor wir für alle Zukunft auf Erotik verzichten, werden wir uns wohl trennen müssen.«

Diese Schilderungen stehen beispielhaft für die Erfahrung der überwiegenden Mehrzahl heutiger Langzeitpartner. Beispielhaft ist aber auch die Selbstverurteilung und Abwertung der Partnerschaft, die allein durch den Vergleich mit dem Beziehungsideal entsteht. Dieses Elend moderner Partnerschaft entsteht aus dem Anspruch, alle Aufgaben mit einem Menschen zu erfüllen, aus der Behauptung der ersten Liebeslüge heraus, Partnerschaft und Sexualität gehörten untrennbar zusammen. Und obwohl beinahe sämtliche Partner ähnliche Erfahrungen machen und obwohl die Fachleute der Liebe an sich selbst gleiches erleben, werden alte und neue Experten nicht müde, das Märchen der idealen, der perfekten, der für immer leidenschaftlichen Liebe zum Lebenspartner zu verbreiten.

Man mag sich wundern, dass diesen Experten überhaupt Gehör geschenkt wird. Aber ihre Botschaften fallen auf fruchtbaren, mit Sehnsüchten gedüngten Boden. Sie brauchen lediglich die Hoffnung zu schüren, sie verfügten über das Wissen und die Mittel, die grundsätzlich unterschiedlichen Ziele der Lebenspartnerschaft und der Sexualpartnerschaft zusammenzuführen.

Teile und herrsche – schaffe einen unlösbaren Widerspruch und verkaufe dann dessen Lösung – dieses Prinzip hat schon immer funktioniert. Und in der Tat klingen die Argumente der professionellen Berater überzeugend. Wenden wir uns ihnen also zu.

Sexualität, Partnerschaft und der liebe Gott

Der größte Einfluss auf heutige Partnerschaftsbilder und Beziehungsentwürfe geht nicht mehr von kirchlicher oder staatlicher, sondern eher von psychologischer und therapeutischer Seite aus.

Wer nun glaubt, Theologen hielten sich von Beziehungsthemen fern, irrt jedoch gewaltig. Längst hat auch die Kirche konfessionsübergreifend die Trends erkannt. Nicht wenige Theologen treten als Therapeuten auf und arbeiten in Eheberatungsstellen. Ein beachtlicher Teil der Ratgeberbücher wird von diesen durch Gottes Wort legitimierten »Experten der Liebe« verfasst. Deshalb ist die theologische Sicht des Themas es durchaus wert, erörtert zu werden, zumal ihr in unserer Kultur große geschichtliche Bedeutung und außerordentlicher Einfluss auf die gesellschaftliche Gefühlswelt zukommen.

Ausnahmslos jeder Angehörige des westlichen Kulturkreises wird eine ganze Reihe christlicher Wertvorstellungen verinnerlicht haben, die seine Auffassung vom Umgang mit Partnerschaft, Liebe und Sexualität betreffen. Diese Vorstellungen wirken sich jenseits von Vernunft und Verstand vor allem auf die Gefühlsebene aus, weshalb sie erst in Krisen zu Tage treten, beispielsweise in Form von schlechtem Gewissen und von Schuld- und Versagensgefühlen.

Die Ehe soll
unauflöslich sein, die
Liebe der Partner
selbstlos.

Was also haben Theologen im Hinblick auf das Thema zu sagen? Nun, moderne Theologen vertreten im Kern ihrer Eheauffassung nicht viel Neues. Die Ehe gilt ihnen nach wie vor als unauflöslich nach dem Motto: *Was Gott verbindet, soll der Mensch nicht scheiden.* Protestantische Kirchen sind hier lediglich etwas gnädiger als die katholische Konkurrenz, beispielsweise was die Regelung einer Ehescheidung betrifft.

Vergessen wir ruhig, dass Scheidung im mosaischen Gesetz durchaus erlaubt war. Gott muss es sich im Laufe der Zeit wohl anders überlegt haben. Vergessen wir auch, dass Jesus das Ehedogma nicht zuletzt auf Grund konkreter sozialer Umstände vertrat (siehe dazu S. 38). Dann macht das Sakrament der Ehe für den gläubigen Christen trotzdem Sinn. Und was für einen.

Die eheliche Liebe ist das gewaltigste Abenteuer, das man sich vorstellen kann: Man verbindet sich fürs Leben mit einem Menschen, von dem man nur eine subjektive und vielfach gebrochene Ansicht besitzt, und entdeckt dann allmählich seine eigentliche Wirklichkeit. Man gibt für die Liebe seine eigene Person auf, ohne zu wissen, wohin das führt; denn der andere verliert unterdessen ebenfalls seine Person. ... Die eheliche Liebe bedeutet mehr als irgendeine noch so leidenschaftliche Liebe. Sie ist im tiefsten etwas ganz anderes, wo es um Leben und Sterben, um Tod und Auferstehung geht, wo das Ich aufhört und das Kind geboren wird, wo menschliche Liebe versagt und durch Gottes Liebe verherrlicht wird.[24]

Eine solche Liebe, in der jeder Partner die eigene Person aufgibt, scheint in der Tat unauflöslich, denn es wird niemals einen Grund geben, sie zu beenden. Selbst wenn sich der Partner als Tyrann oder die Partnerschaft als öde erweisen sollte, ist dies nach theologischer Auffassung gottgewollt, und der Mensch soll es ertragen. Denn gerade weil es darum geht, die eigene Person aufzugeben, kommen persönliche Gründe für eine Scheidung nicht in Betracht.

Nun, einen selbstlosen Partner wünscht sich jeder, zumindest so lange, bis er ihn einmal hatte. Denn schon taucht ein Problem auf: Der andere Partner soll ebenfalls frei von Ego sein, und deshalb will er nur das, was ich will. Der Streit ist, lediglich mit umgekehrten Vorzeichen, vorbestimmt.

»Wir machen, was du willst.« – »Kommt gar nicht in Frage, wir machen, was du willst.« – »O.k. ich verzichte.« – »Nein, ich will verzichten ...« und so weiter.

Aber auch für solche Fälle haben Christen eine patente Lösung bereit. Da Mann und Frau nach ihrer kirchlichen Trauung vom christlichen Standpunkt aus nicht mehr als zwei eigenständige Personen betrachtet werden, sondern als »ein Leib vor dem Herrn«, wird die Frau das Herz dieses Leibes und der Mann sein Kopf. Sprich: Die Frau soll dem Mann folgen. Wer dabei an Unterdrückung denkt, hat die Angelegenheit nicht richtig verstanden. Schließlich sei das Herz nicht minderwertiger als der Kopf, nur eben seien Frauen von Natur aus gefühls- und Männer von Natur aus verstandesorientiert, und gegen die Natur dürfe man sich nicht stellen. Eine Neuauflage der alten Unterordnungsforderung und eine geschickte Verklärung des männlichen Herrschaftsanspruches kommen hier zum Ausdruck.

Der egolose Partner soll wahrhaft lieben, frei von egoistischen Motiven sein und nach der Devise handeln: *Nicht was ich will, sondern was du willst soll geschehen – weil ich durch meine Liebe zu dir Gott verehre.* Die Ehepartner sollen ihre individuelle Existenz der gemeinsamen Liebe opfern und diese »dem Herrn« widmen.

Diese *Einswerdung* wird von der Kirche seit Jahrhunderten beschworen. Über allem ehelichen schwebt ständig der Mythos der VerEINigung. Die Theologie empfiehlt deshalb: Gib deine Person auf, werde mit dem Partner eins und als Paar eins mit Gott, denn die menschliche Liebe versagt und braucht ihre Auflösung in der göttlichen Liebe. Warum aber versagt menschliche Liebe angeblich? Warum bedeutet leidenschaftliche Liebe angeblich wenig? Weil sie unvollkommen, vergänglich, endlich ist? Weil sie nicht beherrschbar ist?

*Sexualität bedarf der
Ehe, nur dort ist sie
vom Trieb befreit.*

Nach wie vor wird dabei der Überwindung leidenschaftlicher Liebe, besonders von katholischer Seite, ein
beachtlicher Wert verliehen. Evangelische Gläubige tun
sich hier etwas leichter. Sie sehen Sexualität mittlerweile sogar als »irdischen Vorgeschmack paradiesischen Lebens«. Jedoch nur, solange sie *in* der Ehe stattfindet.

Und beide Konfessionen stimmen darin überein, die
Liebe der Partner solle nie »bloß körperliche«, sondern
müsse stets »personale Ganzliebe« sein. Der Lust solle
nicht »um ihrer selbst Willen« gehuldigt werden, die
wahre Vereinigung solle »im Geiste« stattfinden. Erst die
Überwindung des »rein sexuellen Triebes« befreie die
Partner von irdischer Befangenheit und führe sie zu
»höheren« und »wahren« Genüssen. Die sexuelle Verbindung brauche die sie umhüllende erotische, diese
wiederum die alles umhüllende Verbindung zu Gott.

Eheliche Liebe lebt nicht (nur) von leidenschaftlichen Gefühlen (Eros). Sie erfordert die gestaltende Liebe, die willentlich gesteuerte Hingabe an den Dienst für den anderen
(Agape). Eine lange, treue, erotische und glückliche Ehe funktioniert immer nach dem Agapemodell: Beständige Liebe ist
in erster Line eine Sache des Willens, sich gegenseitig an
Geist, Leib und Seele zu beschenken.[25]

Insofern unterscheidet sich die theologische Vorstellung
nicht wesentlich vom mönchischen »Kampf um die
Keuschheit«, der ebenfalls die Überwindung sexueller
Lust durch »tätige Kasteiung« und »Zerknirschung« betrieb und durch den die Sexualfeindlichkeit Einzug in den
christlichen Glauben hielt.[26] Nur soll die Sexualität nicht

mehr überwunden, sondern in der Ehe sozusagen veredelt werden.

Im Grunde wird von den Partnern eine Spielart der mönchischen Askese erwartet. Sie sollen geduldig alle Frustrationen und Enttäuschungen als Prüfungen ihrer Partnerschaft ertragen, mehr noch, sich einander mit allem beschenken. Im Unterschied zum Mönchtum wird die Sexualität lediglich nicht mehr als Ganzes geopfert, sondern wird der Ehe geschenkt, um auf diesem Wege von Gott beschenkt zu werden.

Das religiöse Versprechen liegt klar auf der Hand: Partnern, die ihr Ego aufgeben, die ihren Trieb und die Lust am schier Sexuellen opfernd überwinden, die »ein Leib« miteinander werden und so die Bedingung der unauflöslichen Ehe anerkennen, wird das eheliche Paradies versprochen.

Hier zeigt sich der Hintergrund aller religiös propagierten Egolosigkeit. Derartige Versprechen greifen vor allem gierige Menschen auf. Denn sie wollen gar nicht selbstlos auf Ego und niedere Leidenschaft verzichten, sondern dafür etwas wesentlich Besseres, etwas Höheres bekommen. Sie geben, um zu haben. Sie sind nicht bereit, ihr Ego oder ihre Sexualität uneigennützig aufzugeben, sondern wollen im Gegenzug einen Deal mit dem lieben Gott machen.

Man mag über die in ihrem Kern asketische Haltung zu Partnerschaft und Sexualität denken, was man will, schließlich und Gott sei Dank ist Religion mittlerweile Privatsache. Zudem wird der asketische Weg in beinahe allen Religionen als Weg zur Erlösung vorgeschlagen. Die Frage jedoch, ob nicht 99 Prozent christlicher oder christlich motivierter Ehepartner durch das Ideal selbstloser Liebe und den Anspruch züchtiger Sexualität restlos überfordert sind, muss erlaubt sein. Denn hier erweist sich die Praxis als glattes Gegenteil zum Ideal. Christliche Ehen sind keinesfalls liebevoller. Oft erscheinen die mit dem Anspruch selbstloser Liebe belasteten Beziehungen im Gegenteil starr und zwanghaft und sind nicht selten von psychischer Gewalt geprägt. Ihr Anspruch scheint einfach zu gewaltig, beinahe übermenschlich.

Nun folgt nicht jeder Christ den Auslegungen von Theologen. Und Gott sei Dank bieten Bibel, altes und neues Testament, und andere spirituelle Quellen ausreichend Spielraum für Interpretationen jeder Art und Freiheit zur Auslegung der Regeln fast nach Lust und Laune. Damit hat der Christ, der sie sich zu nehmen traut, immer eine gewisse Handlungsfreiheit.

*Tiefe erotische
Begegnung gibt es
nur in der Ehe.*

Vor allem in Bezug auf Partnerschaft und Sexualität muss man, spätestens seit der Reformation, zwischen katholischen und evangelischen Christen unterscheiden. Zwar sind etliche Entsprechungen in der Bewertung des Sexuellen zu finden, aber auch deutliche Unterschiede. Denn es war ja gerade der Kampf gegen die halsstarrige und sexualfeindliche Kirche, der zur Kirchenspaltung führte und Martin Luther veranlasste, einen Schlussstrich unter die auf die Spitze getriebene Leibfeindlichkeit zu ziehen. Wenden wir uns deshalb auch den Ansichten moderner evangelischer Theologen zu.

Zum Thema „Ehe und Sexualität" habe ich mit dem Pfarrer und Buchautor Volker Lehnert[27] und seiner Frau Felicitas, Eheberaterin, eine E-Mail-Diskussion geführt. Ich würde beide als fortschrittliche Theologen bezeichnen, was ihre Sichtweise zwar nicht unbedingt repräsentativ, aber noch interessanter werden lässt.

In ihren Stellungnahmen findet sich ein durchaus positives Verhältnis zu sexueller und erotischer Liebe, zu Lust und zum Orgasmus. Aber auch hier wird erotische Erfüllung auf dem Hintergrund personaler und ehelicher Liebe angesiedelt. Sexualität hat demnach zwei Anteile, einen biologisch triebhaften und einen erotisch lustvollen; und beide gehören nach Ansicht der Lehnerts ausschließlich in die Langzeitpartnerschaft.

Zwei Menschen verschmelzen in dem Maße miteinander, in dem sie sich vertraut sind, seelisch und körperlich. ... Nicht nur die Geschlechtsorgane kopulieren, auch die Seelen küssen sich. Das ist erst wirklich erotisch. Aber das geht überhaupt erst nach langjähriger liebevoller Vertrautheit.[28]

Wenn die Ehe mit ihrer Dauer auf so leichte und wundersame Weise erotische Erfüllung hervorbringt, warum erfahren die meisten Menschen das genaue Gegenteil? Warum ist ihre erotische Verbindung am Anfang besonders intensiv und schwächt sich mit der Zeit erheblich ab?

Der Logik des christlichen Denksystems folgend, liegen die Gründe darin, dass es in diesen Fällen nicht zur »wirklich erotischen Verschmelzung«, nicht zur »Berührung der Personenkerne«, nicht zur »Vereinigung ganz tief innenliegender Seelenschichten« gekommen ist. Denn: »Erst Vertraute kennen sich so aus- und inwendig, dass Eros wirklich Eros wird und nicht zur unechten Kopie eines einfachen Hormonschubes.«[29]

Die Zitate zeigen, dass diese Sichtweise menschlicher Liebe und Sexualität nur vor dem Hintergrund gemeinsamer religiöser Vorannahmen Sinn macht. Man muss zwangsläufig an sie glauben, um danach handeln zu können. Denn alle Aussagen können durch nichts anderes als durch sich selbst bewiesen werden.

Liebe brauche Ehe, Ehe schaffe Nähe, Nähe bringe beglückende Sexualität hervor, welche durch erfüllende Erotik gekrönt werde. Tut sie das nicht, ist sie keine »wirkliche« Liebe, keine »christliche« Ehe, keine »echte« Nähe und demzufolge erleben die Partner auch keine »beglückende« Sexualität und schon gar nicht »erfüllende« Erotik.

Wendet man ein, die Menschen kennen Liebe und Orgasmen auch außerhalb der Ehe, wird entgegnet, es handle sich vielleicht um Liebe und Orgasmen, aber auf niedrigem Niveau, eben um ausgelebte Hormonschübe. Es gebe viel mehr, viel Besseres und Höheres, das könne aber nur der christlich liebende Partner erfahren. Wendet man ein, die christlichen Ideale würden wohl etwas zu hoch für die meisten Menschen hängen, wird betont:

Vielleicht könnte man sagen: In puncto Liebe, Sex und Erotik ist das Beste gerade gut genug. Liebe, Treue und Vertrauen sind der beste Nährboden für erotische Erfüllung, den es gibt.[30]

Das Beste ist also gerade gut genug. Doch um das Beste zu erhalten, muss man zuerst hoch gehängte Werte anerkennen und dann den entsprechenden Verhaltensaufforderungen wie Treue nachkommen. Aber auch das stellt kein wirkliches Problem dar, denn:

Das Dilemma der Christenheit besteht ja nicht in ihren Werten, sondern darin, dass diese Werte immer wieder moralinsauer rezipiert worden sind.[31]

Nein, das Dilemma der Christenheit besteht wirklich nicht in ihren Werten. Eher darin, dass sie frei interpretierbar sind, und vor allem darin, dass eigentlich niemand sie erfüllen kann.

Das wirkliche Dilemma liegt natürlich in der Verallgemeinerung. Denn die göttlichen Gesetze von Liebe und Sexualität gelten nach Auffassung der Christen ja für alle Menschen, nicht bloß für Christen. Schließlich sind sie im Alten und Neuen Testament, in der Genesis zu finden. Der christliche Standpunkt kommt also um die Verallgemeinerung nicht herum, er betont sie geradezu. Und in der Verallgemeinerung liegt ein wesentliches Element der Liebeslügen.

So weit der Einblick in aktuelle christlich/theologische Standpunkte zu Ehe, Partnerschaft und Sexualität, der sich unendlich erweitern ließe, jedoch wenig Neues hervorbringen und sich in der Wiederholung umstrittener Ideologien und widerlegter Praxis erschöpfen würde.

Moderne Theologie im Mantel der Wissenschaft

Theologen sind indes nicht nur in der Kirche, der Pfarrei und auf der Kanzel zu finden. Sie machen sich inzwischen wesentlich geschickter als ihre starren und textgläubigen Vorgänger an Gottes Werk und betreiben intensiv Eheberatung. Dazu haben sie sich den Mantel der Wissenschaft umgehängt, etliche Methoden und Werkzeuge der Psychologie angeeignet und erklären nun – welch frohe Botschaft – gemeinsam mit vielen Psychologen und Therapeuten, die ideale Partnerschaft für *machbar*.

Ein Beispiel für diese therapeutisch orientierten Theologen und theologisch orientierten Therapeuten gibt Rudolf Sanders mit seinem Buch zur Eheberatung »Zwei sind ihres Glückes Schmied«. Der Mann, Leiter der katholischen Ehe- und Familienberatung und Mitglied im

Vorstand des Bundesverbandes katholischer Ehebera-
terInnen, vertritt im Kern die christliche Eheauffassung.
Grundsätzlich mögen in seinem Buch etliche Anregungen enthalten sein; und die Beratungstätigkeit Sanders'
mag vielen Paaren weitergeholfen haben. Dies ist jedoch
nicht Gegenstand meiner Betrachtung. Mir geht es um
ausgesprochene und unausgesprochene Behauptungen,
die in Bezug auf Partnerschaft und Sexualität aufgestellt
werden. Mir geht es um die angeblichen Wahrheiten,
forschen Versprechungen und die darin versteckten
Halbwahrheiten und Lügen.

*Die Partner haben
alles in der Hand.*

Sanders unterstellt bereits mit dem Titel seines Buches,
zwei könnten ihr Glück »schmieden«. Mit anderen
Worten: Zwei könnten eine Beziehung nach ihrer Absicht gestalten. So wie der Schmied das widerspenstige
Eisen mit Kraft und Ausdauer in erwünschte Formen
zwingt, so können auch Partner ihre Vorstellungen von
Partnerschaft realisieren – wenn sie genügend Kraft,
Energie und Ausdauer aufbringen. Partner sollten jedoch schnellstens das Handwerk des Schmiedens erler-
nen, sonst droht ihnen Schlimmes. Denn nach dem versteckten Machbarkeitsversprechen im Titel erhebt Sanders gleich zu Anfang des Buches warnend den Zeigefinger:

Beziehungs- und Interaktionsstörungen in der Ehe veranlassen
viele Menschen, deren Lösungen in einer Trennung und Scheidung zu sehen. Die Folgen einer solchen Problemlösung sind allerdings nachgewiesenermaßen höchst bedenklich: Depressio-
nen, schwere Streßtraumata, Suizidgedanken und Suizidversu-
che oder psychosomatische Krankheiten, wie Schlafstörungen,

Herz- und Magenbeschwerden. Ja allein die Tatsache, einer Trennung und Scheidung ausgesetzt zu sein, kann für die Betroffenen zu einer so schwierigen Belastung werden, dass dies zu einer deutlich geringeren Lebenserwartung führt.[32]

Es ist schon ein Fortschritt, dass Partner ob ihres kläglichen Versagens nicht mehr in die Hölle verbannt, auf dem Scheiterhaufen verbrannt oder an den Pranger gestellt werden. Dennoch müssen sie, wie beschworen, Trennungen strengstens vermeiden, wollen sie nicht körperlich und psychisch erkranken oder sogar früh sterben. Doch Rettung ist in Sicht:

Wenn ein Paar die angedrohten Konsequenzen für Beziehungsversagen nicht erleiden will, muss es fleißig an seiner Beziehung »arbeiten«. Dazu wird die entsprechende Therapie gleich mitgeliefert. Das gemeinsame Glück zu schmieden gelingt den Partnern dann ganz bestimmt mit dem passenden Hammer und der richtigen Methode oder Anleitung, also mit Expertenhilfe und mit viel, viel Schweiß und Mühe.

Die Ehe soll nach wie vor, nur diesmal aus psychischen Gründen, unauflösbar sein. Und es liegt in der Hand der Partner, das zu schaffen. Zweifel? Die sind unbegründet, denn alles ist streng »wissenschaftlich« und empirisch »nachgewiesen«. Das beruhigt, und wohl deshalb wird ständig der Mythos der Wissenschaft beschworen. Zur Untermauerung seines forsch aufgestellten Machbarkeitsversprechens wird ein weiterer Mythos, der des persönlichen Wachsens und Reifens, herangezogen.

Ein anderer Weg, Beziehungs- und Interaktionsstörungen in der Ehe zu bewältigen, wäre der Versuch, diese als Aufforderung zu persönlichem Wachstum und Reifung innerhalb der Ehe zu verstehen.[33]

*Wenn es nicht wie
gewünscht läuft, ist
die Partnerschaft
gestört.*

Erneut taucht das Ideal der unauflöslichen Ehe auf, diesmal versteckt in der Formulierung der »Beziehungs- und Interaktionsstörung«. Immer wenn eine Beziehung an den Rand der Auflösung gerät oder nicht so funktioniert, wie Partner oder Therapeut es wünschen, wird die Beziehung als gestört betrachtet und soll alsbaldiger Heilung zugeführt werden.

Dabei wäre ja denkbar (und es soll ständig vorkommen), dass eine Beziehung »am Ende« ist und dass Partner unbewusst solche »Störungen« produzieren, um sich voneinander trennen zu können. So wie mancher Angestellte seinen Chef bis zur Weißglut reizt, um die Kündigung zu erhalten, die er selbst nicht auszusprechen wagt. Und warum sollte die Lösung eines Konfliktes unter allen Umständen *innerhalb* der Beziehung geschehen? Ist nur dann ein inneres Wachstum garantiert? Als wenn nicht schon Millionen Partner erfahren hätten, wie sehr gerade eine Trennung zum persönlichen Reifungsprozess beitragen kann. Aber diese Partner haben ganz bestimmt eine große Chance zur Entwicklung ihrer Persönlichkeit verpasst – und die Ärmsten wissen es nicht einmal! Zur Buße müssen sie in der nächsten Beziehung von vorne anfangen und eine Strafrunde drehen.

Eine derart einseitige Sichtweise erinnert allzu stark an Prüfungen, die sich der liebe Gott angeblich für Eheleute hat einfallen lassen. Hieß es einst »Ehe ist Gottesdienst«[34], so muss die moderne Fortführung des höheren Auftrages lauten: »Ehe ist Wachstumsdienst« oder sogar »Ehe ist Arbeitsdienst«. Komme da (fast), was wolle.

Schicken wir ein an innerem Wachstum interessiertes »Versuchspaar« in eine solche, von Idealvorstellungen und Machbarkeitsfantasien bestimmte Beratung oder Therapie. Was würde wohl mit ihnen geschehen? Die beiden haben sich vor sechs Jahren kennen gelernt und verliebt. *Er* hat keinen Hehl daraus gemacht, sterilisiert zu sein, und *ihr* hat das zuerst nichts ausgemacht. Die beiden haben schließlich geheiratet und führen eine gute Beziehung. Doch seit einiger Zeit will die Frau nicht mehr mit ihrem Mann schlafen. Sie erkennt: »Ich habe gar nicht gewusst, wie wichtig eigene Kinder für mich sind. Jetzt verweigert sich mein Körper. Sex mit meinem Mann kommt mir wie Verrat an mir selbst vor.«

Hier liegt wohl kaum eine behebbare Störung vor, vielmehr hat sich erst im Laufe der Jahre gezeigt, welch unterschiedliche Lebensentwürfe die Partner haben. Obwohl beide Partner ihre Beziehung als gut bezeichnen und der Sex bisher ebenfalls gut war, steht ihre Partnerschaft nun vor dem Ende. Sie ist nicht gestört. Sie stirbt. Wie Menschen sterben, so können auch Beziehungen sterben, und niemand käme ernsthaft auf die Idee, den Tod als Störung menschlichen Lebens zu betrachten. Der Tod determiniert und schafft das Leben. So wie der Wert einer Beziehung erst durch die Möglichkeit ihres Endes geschaffen wird.

Man kann sich vorstellen, wie hart und sinnlos dieses Paar psychisch »arbeiten« müsste, um seine Beziehung trotz unterschiedlicher Lebensentwürfe zu erhalten. Die beiden müssten den Kompromiss suchen. Vielleicht wäre das sogar möglich und würde dann als therapeutischer Erfolg gefeiert werden – auf Dauer aber eher auf Verbitterung über den Verzicht und unbewusste gegenseitige Schuldzuweisungen hinauslaufen.

Der Begriff der »Störung«, wie er von vielen Therapeuten so hemmungslos und lustvoll gebraucht wird, impliziert die Vorstellung, in einer Beziehung sei auf jeden Fall etwas falsch gelaufen, sobald es zu Spannungen und Konflikten kommt. Wenn Freundschaften auseinander gehen, spricht kaum jemand von einer »Beziehungsstörung«, vor allem dann nicht, wenn Freundschaften im Guten enden. Nur die Partnerbeziehung soll niemals enden, auch nicht im Guten. Sie ist für die Ewigkeit gedacht, und wenn sie endet, dann nur, weil eine Störung vorlag, die nicht rechtzeitig »bearbeitet« wurde.

Dieses Verständnis der »Beziehungsstörung« ist vor dem Hintergrund des ehelichen Unauflöslichkeitsideals einleuchtend: Nur dann erscheint es sinnvoll, alle partnerschaftlichen Differenzen auf angeblich lösbare Konflikte und angeblich aufhebbare Störungen zurückzuführen, um auf jeden Fall die Idealvorstellung der ewigen Partnerschaft aufrechtzuerhalten. Was aber durch manche unkontrollierbare Vorgänge einer Beziehung tatsächlich gestört wird, ist das Ideal.

Trennung muss auf jeden Fall vermieden werden. Nur wenn sich herausstellt, dass eine dieser verzwickten Störungen mit noch so viel Mühe und Therapeutenkunst nicht zu beseitigen ist, dann wird – mit saurer Miene, Achselzucken und indirekter Schuldzuweisung – ein Ende mit Schrecken dem Schrecken ohne Ende vorgezogen. Dann können die Partner auseinander gehen, aber dann haben sie versagt, nicht genug an sich gearbeitet und gewaltige Wachstumschancen verpasst. Zum Trost für den Therapeuten werden sie ins Fegefeuer der Beziehungswiederholung verbannt.

Auch die Sexualität
der Partner muss
erkämpft werden.

Da bei auftretenden Problemen die Beziehung im Zweifelsfall immer gestört ist, kann auch schwindende sexuelle Anziehung und nachlassende Leidenschaft nur auf Beziehungsstörungen zurückzuführen sein. Hier greift streng wissenschaftliche Ursachenforschung, weil es vor dem Hintergrund der Annahme, Sexualität sei ein Bestandteil funktionierender Beziehungen, immer einen »Grund« geben muss, wenn Sexualität zurückgeht.

Ein Paar mit sexuellen Schwierigkeiten hatte während einer gemeinsamen Therapie die Aufgabe erhalten, zwischen den Therapiesitzungen Berührungsübungen zu machen. ... Beide stellten fest, dass sie große Angst vor Nähe hatten ... (ohne die Übungen) wären sie an der Oberfläche geblieben und nicht zu tiefer liegenden Problemen ihrer sexuellen Störungen vorgestoßen.[35]

Wieder ist der Begriff der Störung, diesmal der sexuellen Störung, schnell zur Hand. Eine sexuelle Störung besteht demnach schon, wenn ein Partner die Sexualität in der Beziehung als unbefriedigend empfindet. Der Fachmann aber diagnostiziert aus der Burg seiner festen Überzeugungen heraus, dahinter liege eines jener kommunikativen Probleme oder ein Machtkampf. Aber auch solche sexuellen Störungen wären kein Problem, wenn man die richtige Haltung entwickelte.

Die meisten Partner suchen die sexuelle Erfüllung in einer auf Dauer angelegten Partnerschaft oder Ehe, wissen aber oft nicht, dass sie, nach einer Zeit des Verliebtseins und einer sexuellen ›Hoch-Zeit‹ für die Erfüllung ihrer sexuellen Lust auch ›kämpfen‹ müssen.[36]

72

Tatsächlich suchen die meisten Paare die sexuelle Erfüllung in der auf Dauer angelegten Partnerschaft, weil man ihnen weismacht, dort sei sie zu finden. Es soll ja Leute geben, die ihren Geldbeutel irgendwo im Dunkeln verloren haben, ihn aber unter der Laterne suchen, weil dort Licht ist. Nur eben der Geldbeutel nicht.

Nicht nur der Therapeut Sanders, auch der zuvor zitierte evangelische Eheberater Lehnert glauben, dem von ihnen unterstellten unauflösbaren Zusammenhang von Partnerschaft und Sexualität logisch folgend, für eine unerwünschte sexuelle Entwicklung müsse es »Ursachen« geben. Dieses Denken ist nicht nur wissenschaftlich, sondern auch christlich logisch. Denn die Welt hat ja in Gott ebenfalls eine Ursache. Die Welt kann nicht einfach sein, jemand muss sie verursacht, geschaffen haben. Und Sexualität kann nicht einfach schwinden, ohne dass dieser Vorgang durch etwas verursacht wurde. Das ist lineares Denken, wie es sowohl in christlichen als auch in therapeutisch/psychologischen Eheberatungen häufig zu finden ist. »Alles hat Gründe, auch Erosverlust, und die gilt es zu ermitteln, in jedem Einzelfall neu«,[37] meint der Theologe, und der Wissenschaftler stimmt zu: »Schuld an problematischen Entwicklungen der gemeinsamen Sexualität sind hauptsächlich Verschlechterungen des emotionalen Klimas und Konflikte zwischen den Partnern.«[38]

Nun liegt mir Böses auf der Zunge, das ich ausdrücklich nicht auf die hier zitierten Fachleute Lehnert und Sanders beziehen möchte, da ich deren praktische Arbeit nicht kenne. Ich frage mich aber, wie ein Berater, der glaubt, alles habe »ermittelbare Gründe«, oder wie ein Therapeut, der glaubt zu wissen, worin die »Schuld an problematischen Entwicklungen der gemeinsamen Sexualität« liege, verhindern wollen, in ihren Beratungen eine Spielart therapeutischer Inquisition durchzuführen. Die Versuchung hierfür liegt nahe, kann aber sicher nicht generell unterstellt werden. Es hängt wohl davon ab, wie starr der jeweilige Berater oder Therapeut seinen Glaubenssystemen folgt und in welchem Maße er dies auch von seinem Klienten verlangt. Es hängt also wesentlich von der Person des Beraters oder der Beraterin ab, wie beflissen und peinlich die therapeutische Ursachenermittlung durchgeführt wird.

Berichte über inquisitionsähnliches Verhalten von Therapeuten und Beratern gibt es zuhauf, ganz gleich aus welcher Richtung. Ausgehend von einem bestimmten Weltbild und einer entsprechenden therapeutischen Lehrmeinung wird zuerst eine Diagnose erstellt. Dieser folgend erscheinen der Klient oder die Beziehung auf jeden Fall gestört und behandlungsbedürftig. Vom Klienten wird nun erwartet, sich dem System des Therapeuten anzupassen, will er nicht einer therapeutischen Verurteilung anheim fallen. Dann sollen Klienten etwas »zugeben« oder endlich »begreifen«, sich ihren Gefühlen »stellen« oder ihre angeblichen oder tatsächlichen Blockaden »aufgeben«. Zumindest verlangen solches die Fundamentalisten der jeweiligen Ideologie, die umso strenger auftreten, desto weniger Erfahrung sie aufweisen können.

Doch auch bei weniger dogmatischen Beratern, wie ich sie jedem Hilfe suchenden Paar wünschen möchte, wäre zu fragen, wie die Berater vor dem Hintergrund der von ihnen betriebenen Ursachenforschung im Trennungsfall den Eindruck vermeiden wollen, die Partner hätten versagt. Denn in Bezug auf das Ideal der »reifen Partnerschaft«, der »gesunden Partnerschaft« oder der »unauflöslichen Ehe« kommt als Trennungsgrund nur Versagen in Frage. Die Partner waren eben nicht wach genug, nicht bewusst genug, nicht offen, nicht ehrlich genug, nicht liebend genug, nicht christlich genug – und vor allem haben sie nicht hart genug an der Beziehung gearbeitet.

Traditionelle Theologen erklärten, in der Ehe gehöre der Körper nicht mehr sich selbst, sondern dem Partner. Aus diesem gegenseitigen Besitzanspruch des Körpers leiteten sie die »eheliche Pflicht« zwischen den Partnern ab, also die Pflicht zur gegenseitigen Befriedigung. Heute sprechen Theologen und Therapeuten von der Pflicht, aneinander zu arbeiten und umeinander zu kämpfen, und beschwören das Bemühen. Am dahinter liegenden Gedanken ehelicher Pflichten, und damit auch sexueller Rechte, scheint sich nicht viel geändert zu haben. Deshalb darf ein Partner heute mit Fug und Recht erwarten: »Wenn du nicht mit mir schlafen willst, musst du mit mir zur Therapie gehen, an der Beziehung arbeiten, um unsere Sexualität kämpfen, dir alle Mühe geben.« Die Erfüllung dieser Forderungen kann gar zum Liebesbeweis geraten.

Dieser sexuelle Krampf wird verharmlosend als »Gestaltung der Sexualität« verkauft, und in Übereinstimmung mit der Sexualforschung wird von Sexualität als einem »Lernprozess sozialer Kommunikation« gesprochen. Bei so genannten sexuellen Störungen werden meist »sexuelle Übungen« verordnet. Sie beinhalten einzelne Bruchstücke aus einem emotional-sinnlichen Erlebenszusammenhang, wie er in der Verliebtheit entstanden war, und werden auf die dauerhafte Partnerbeziehung angewendet. Ganz nach dem Motto »Mit ein wenig Fantasie und Mühe wird die Haut des Langzeitpartners zur Begegnung mit dem Unbekannten« oder »Schon ein neues Höschen kann einen kleinen Frühling bringen«. (Hierzu mehr im Kapitel *Die Techniklüge.*)

Die im Grunde zwanghafte Suche nach bleibender, jahrzehntelanger sexueller Erfüllung in der Partnerschaft impliziert nicht nur das Urteil des Versagens. Sie birgt auch die Gefahr einer Technologisierung und Entsinnlichung der Sexualität, denn wenn wir erst einmal wissen, wie wir sexualtechnisch funktionieren, wenn wir über alle sexuellen Wünsche reden können, wenn wir keine Geheimnisse mehr haben, dann können wir jederzeit sexuelle Befriedigung herbeiführen.

Eine derart erlernte Sexualität mag in der Tat dort neue Erfahrungen ermöglichen, wo sich Partner bisher äußerst zurückhaltend zeigten. Weniger gehemmte Partner und solche mit sexueller Erfahrung werden kaum Gefallen an diesen Lektionen der Körperlichkeit haben, die vorspiegeln, man könnte Lebendigkeit erzeugen. Das Konstrukt der »lernbaren« oder »gestaltbaren« Sexualität ist mehr als fragwürdig. Als könnte man Spontaneität lernen, als könnte man Lebendigkeit planen, als könnte man Leidenschaft gestalten.

Es ist eben auch eine Frage des Anspruchs, und da scheint der Berater Sanders bescheiden zu bleiben. Als sexuell gesund gilt ihm, wer eine »einigermaßen befriedigende« Sexualität in der Partnerschaft erreicht. Die Möglichkeit, dass Partner, obwohl sie sich lieben, gänzlich unterschiedliches Interesse an sexuellem Genuss zeigen, dass Sexualität im Leben der Partner unterschiedliches Gewicht haben könnte, dass einer oft, der andere wenig oder gar nicht mag, fällt unter den Tisch oder wird im Kompromiss geleugnet und scheinbar aufgelöst. »Ich will zweimal, du zehnmal, also machen wir es sechsmal – uns zuliebe.«

Schon die Kirchenväter haben keinen Wert auf die Qualität und Intensität sexuellen Erlebens gelegt. Die eheliche Pflicht und Zeugungsaufgabe zu erfüllen genügte ihrer Auffassung nach vollkommen. Die modernen Theologen und Therapeuten scheinen an einer solchen »praktischen Sexualität«, einer Sexualität im Dienste des Ideals der unauflöslichen Ehe, ähnlichen Gefallen zu finden. Unwahrscheinlich ist jedoch, dass sich die Rat suchenden Partner damit bescheiden werden.

Zum Abschluss dieser therapeutisch/theologischen Betrachtungen zum Zusammenhang von Partnerschaft und Sexualität noch eine Bemerkung: Mancher mag sich auf Grund meiner Darstellungen fragen, ob theologisch orientierte Eheberatung denn überhaupt hilfreich sein kann. Ja, natürlich kann sie das. Sie hat schon vielen Paaren in Krisensituationen geholfen. Nichtchristen sollten jedoch auf der Hut sein, sonst treten der liebe Gott und seine Aufträge, sein Wille und seine Absicht, also schlichtweg alles, was Theologen gerade dafür halten, durch die Hintertür in die Beratung ein.

Am ehesten scheint mir die christliche Eheberatung daher für Christen geeignet. Diese werden sich dort gut aufgehoben fühlen, weil sie dasselbe Glaubenssystem mit den Beratern teilen. Diese Menschen wollen eine »christliche« Ehe führen. So können Berater und Partner sich auf denselben Beziehungsmythos berufen und gemeinsam an der Verwirklichung von »Gottes Wille« in ihren Partnerschaften arbeiten.

Kommen wir nun von theologischen zu psychologischen Konzepten. Die bereits angeschnittenen Themen »Sexualität als soziale Kommunikation« und »Gestaltung der Sexualität« leiten den Übergang zu psychologischen und therapeutischen Konzepten im Umgang mit Partnerschaft und Sexualität ein.

Psychologen als Beziehungsarbeiter

Viele Psychologen und Therapeuten sind längst über religiöse oder über die romantischen Entwürfe der Langzeitbeziehung hinausgegangen. Sie glauben weder an die unauflösliche Ehe noch an eine so genannte *wahre* Liebe, die auf wundersame Weise für immer funktioniert. Das bedeutet aber, keinesfalls weniger, sondern im Gegenteil oft zusätzliche Ansprüche an die Partnerschaft zu stellen. Denn die perfekte und dauerhafte, den Sehnsüchten der Partner entsprechende Beziehung soll jetzt, da weder Gott noch die Liebe sie frei Haus liefern, selbstverantwortlich erarbeitet werden.

Das aktuelle Versprechen der Experten lautet daher: »Wenn ihr gründlich an eurer Beziehung arbeitet, ist alles möglich.« – »Und wenn es trotzdem schief geht?« – »Dann habt ihr eben nicht genug an euch gearbeitet!«

Diese Vorstellung einer gestaltbaren Dauerbeziehung ist indes gar nicht so neu, wie sie erscheinen mag, denn schon in den zwanziger Jahren forderte der damals viel beachtete Arzt Theodor Hendrik van der Velde die Erotisierung der Ehe, um deren Erhalt auf Dauer zu sichern:

Er erteilte tausendseitenfach Ratschläge für die mühselige Ausbildung kontinuierlicher ehelicher Leidenschaft und machte damit deutlich, dass er dies für eine wahre Sisyphusarbeit hält.[39]

Schon damals begriff man, dass die Institution der Ehe nur zu retten sei, wenn es gelänge, sexuelle Leidenschaft dauerhaft in sie zu integrieren; und wie der Kommentar von Gunter Schmidt zeigt, erschien diese Aufgabe schon damals als gewaltig. Gleiche idealistische Vorstellungen gelten heute auch für nichteheliche Verbindungen.

78

Des Ideal unterstellt, dass mit jedem Partner eine dauerhafte und zugleich leidenschaftliche Beziehung herbeizuführen ist, sobald die Partner sich einmal in Leidenschaft befunden haben. Begründet wird dies allgemein mit einer tiefenpsychologischen Deutung des *Verliebens*. Denn im Verlieben geschehe, psychologisch gesehen, auf unbewusste Weise die Auswahl des richtigen Partners. Nach dieser Verliebtheitsphase wandle sich die bis dahin durch Verliebtheit getragene Beziehung zuverlässig in eine Lebenspartnerschaft inklusive kontinuierlicher Leidenschaft um. Störungen dieses Vorgangs seien auf mangelnde Fähigkeiten der Partner zurückzuführen.

Dieser Ansatz unterscheidet sich erstaunlich wenig vom romantischen Ideal des *wahren* Partners, von der religiösen Idee des von Gott *vorbestimmten* Partners oder der in esoterischen Kreisen anzutreffenden Vorstellung des für jeden irgendwo existierenden *Seelenpartners*. Nur hat diesmal keine höhere Kraft die Partnerauswahl getroffen, sondern die Partner haben durch ihr Verliebtsein selbst gewählt. Stillschweigend wird so getan, als sei diese Art des Zueinanderfindens die Garantie für eine dauerhafte Partnerschaft. Scheitert man dennoch, so ist das auf psychische Gründe zurückzuführen, die bearbeitet werden müssen. Diese Annahme scheint beinahe für Zwecke der tiefenpsychologischen Beschäftigung konstruiert zu sein, denn sie eröffnet dem Paartherapeuten die Aussicht auf jahrelange Arbeit. Die Realität der Partnerschaft schert sich indes wenig um diese Theorie.

Menschen verlieben sich zwar oft ineinander, eignen sich

aber wesentlich seltener als Lebenspartner füreinander. Denn die Lebenspartnerschaft braucht mehr als einen Gefühlsrausch, um bestehen zu können. Sie braucht beispielsweise eine gewisse Übereinstimmung der Lebensentwürfe beider Partner. Verliebtheit stellt deshalb eine äußerst wacklige Beziehungsgrundlage dar, weil sie auf tatsächlicher oder ersehnter Bedürfniserfüllung beruht. In der Verliebtheit scheinen Gemeinsamkeit und Wesensergänzung gegeben, aber parallel zum Abbau der Endorphine und mit zunehmendem Alltagsleben wird der Blick klarer für die Unterschiedlichkeit der Partner. Wenn deutlich wird, was einander trennt, ist die Beziehung nicht selten beendet.

Zu früh getrennt? Zu wenig aneinander gearbeitet? Wäre womöglich doch »alles« miteinander möglich gewesen? Schließlich waren wir doch verliebt! Zweifel an diesem Zweckoptimismus scheinen mehr als begründet. Wieso gerade Leidenschaft auf Grund anfänglicher Verliebtheit bestehen bleiben sollte, bleibt rätselhaft. Im Gegenteil: Vieles spricht dafür, dass gerade durch die allmähliche Harmonisierung der Persönlichkeitsmerkmale und die damit verbundene Angleichung psychischer Strukturen der Partner eine Spannungsminderung einsetzt und damit dem Feuer der Leidenschaft die Nahrung entzogen wird.

Psychologen sind mit diesem Phänomen durchaus vertraut. Deshalb kann man sie eigentlich nur als Lügner bezeichnen, sobald sie »kontinuierliche Leidenschaft« durch »Beziehungsarbeit« versprechen. Allerdings sind sie hier als Auftragslügner tätig, als Dienstleister, die versuchen, die Sehnsüchte der Partner, die sie selbst hervorgerufen haben, mit Rezepten und Ratschlägen zu erfüllen. Der Versuch, dauerhafte Bindung und leidenschaftliche Beziehung zu vereinen, wird dabei als lohnende Aufgabe formuliert.

»Beide Formen wollen von den meisten Befragten unter einen Hut gebracht werden«, erklärt die Psychologin Rosemarie Welter-Enderlin und fährt ängstlich verzückt fort: »Das ist es, was moderne Liebe so spannend und gleichzeitig so spannungsvoll macht.«[40]

In der Tat streben die meisten Paare danach, Partnerschaft und Leidenschaft zu vereinen, und die Psychologie hat sich dieser Aufgabe verschrieben. Lässt sich Leidenschaft und Begehren wirklich konservieren? Die Lüge liegt auch hier wieder einmal in der selbstbewusst vorgetragenen Verallgemeinerung, der wir allerorts begegnen, nämlich der Behauptung, es läge dem Rückgang der Leidenschaft immer eine psychische Problematik zu Grunde.

> *Nachlassende*
> *Leidenschaft ist*
> *Ausdruck psychischer*
> *Probleme.*

»Mit einem freien, nicht von Hemmungen gebremsten Partner ist Leidenschaft auf Dauer möglich.« Diesen Standpunkt vertritt eine erfahrene, analytisch orientierte Beziehungstherapeutin, die ungenannt bleiben möchte. Sie verspricht ihren Klienten, wenn die durch Übertragung und Inzesttabu entstandenen individuellen Komplexe und Problemkonstellationen der Partner aufgelöst seien, stünde der Dauerleidenschaft nichts mehr im Wege.

Die analytisch orientierte Therapie folgt hier der These, in einer Partnerschaft werde das in der Ursprungsfamilie geltende Inzestverbot, das sexuelle Kontakte mit El-

81

tern und Geschwistern sinnvollerweise ausschließt, auf den Partner übertragen. So gesehen schlafen Mann und Frau nicht mehr miteinander, weil sie zu viel Nähe aufgenommen haben oder sich zu vertraut geworden sind, sondern vielmehr gerade weil Intimität und Nähe zunahmen, wurde das unbewusste Inzestverbot auf den Plan gerufen. Von diesem Verbot soll die Partnerschaft nun befreit werden.

Ein freier Partner ist demzufolge einer, der Vater-, Mutter- und Geschwisterprojektionen aufgelöst hat und deshalb seine Sexualität frei von Scham und Schuld ausleben kann! Diese innere Freiheit muss jedoch erst erarbeitet werden. Das klingt gut. Frei und ungehemmt zu sein, und das für immer, ist ein verlockender Gedanke. Das Ziel scheint es wert, einige Jahre auf der Couch zu verbringen und Vater, Mutter, Schwester, Brüder und Ödipus auszugraben, um das in der Ursprungsfamilie geltende Inzestverbot für die gleichermaßen intime Dauerpartnerschaft aufzuheben. Um psychisch *frei* zu werden. Der Denkansatz folgt jedoch einem Konstrukt, nämlich dem des »freien Menschen«. Was aber ist ein *freier* und *ungehemmter* Partner? Wo hat es diesen freien Partner jemals gegeben? Welche Therapie hat ihn jemals hervorgebracht? Welcher tiefenpsychologisch befreite Partner konnte seine Leidenschaft auf Dauer verwirklichen? Das ist therapeutische Utopie; und das ist zugleich ein Versprechen, das Partnern gemacht wird und meist nicht eingehalten werden kann.

Aber selbst wenn dieser, dank therapeutischer Kunst psychisch wieder jungfräuliche Mensch sich eines Tages von einer Couch erheben sollte, was würde ihn dazu bringen, sich anschließend zur Befriedigung seiner sexuellen Wünsche ausschließlich in des Partners Bett zu begeben? Warum sollte er seine Sexualität nur in der Partnerschaft ausleben? So ungehemmt und frei aller moralischen und emotionalen Begrenzungen, wie er ist.

Nein, ganz gewiss würde sich die Sexualität des gründlich therapierten Partners, so träumt der Therapeut konsequent, in die übrigen Lebenszusammenhängen einordnen. Denn dort wird sie schließlich dringend gebraucht, um den ihr zugewiesenen Zweck zu erfüllen: den Zweck, die Partnerschaft zu sichern.

*Funktionierende
Partnerschaft bedarf
erfüllter Sexualität.*

»Sex ist eine wichtige Voraussetzung für die Ehe. ... Wenn die Eltern glücklich miteinander sind und dieses Leuchten haben, das eine gute sexuelle Beziehung mit sich bringt, dann strahlen die Kinder auch so.«[41] Dies sagt Robin Skynner, ein bekannter englischer Familientherapeut in seinem Buch »Familie sein dagegen sehr«. Er spricht diesen Satz im Zusammenhang mit der Entstehung von Geschlechtsidentität bei Kindern aus. Und wir können doch eigentlich nur zustimmen. Ja, Herr Skynner, es wäre wirklich toll, wenn alle Kinder dieses aufs andere Geschlecht bezogene Leuchten in den Augen der Eltern sehen könnten. Ob dieses Leuchten unbedingt dem Ehepartner oder dem Lebenspartner gelten muss, sei jedoch dahingestellt. Für die ideale Kleinfamilie (Vater, Mutter, Kind) wäre dies sicherlich wünschenswert. Aber die Zahl allein erziehender Eltern und Singles hat die herkömmliche Familie längst in die zweite Reihe verwiesen, und ihr Zerfall ist weiter im Gang.

Skynner ist zweifellos ein hervorragender Vertreter der Familientherapie; und sein Buch möchte ich wärmstens allen Eltern ans Herz legen, denn es ist nicht nur humorvoll, sondern auch informativ. Nicht hilfreich ist es allerdings, die Wichtigkeit von »gutem Sex« in der Partnerschaft zu betonen und nicht sagen zu können, wie man diesen Anspruch erfüllen kann. Aber auch Skynner hat dafür kein Rezept, und er weiß das, wie die folgende Bemerkung gegenüber John Cleese zeigt, die sich auf die Höhe der Scheidungsrate bezieht. »Da wir beide einen Beitrag zu dieser Statistik geliefert haben, sollten wir uns dazu besser nicht allzu kritisch äußern.«[42]

Auf derart wohltuende Selbstironie trifft man in Psychologenkreisen leider selten. Die meisten Psychologen zweifeln ihre Überzeugungen kaum an. Ihre Ideale hängen ähnlich hoch wie die der Theologen, und sie scheinen in dieser Hinsicht nicht weniger dogmatisch als Gläubige zu sein – bereit, jedes Phänomen in ihr Denksystem einzuordnen. Beispielsweise das der Untreue.

Untreue ist Ausdruck
gestörter Intimität.

Untreue auf sexuellem Gebiet wird von Therapeuten meist als Störung der partnerschaftlichen Intimität und des Vertrauens betrachtet. Durchaus sinnvoll begreift beispielsweise Rosemarie Welter-Enderlin das Phänomen der Untreue als Hinweis auf notwendige Veränderungen in der Partnerschaft. Man wird dem Partner untreu, weil man sich selbst in der Beziehung nicht treu bleiben kann, weil es nicht gelang, »man selbst« zu bleiben. Ein Partner bricht dann aus der Beziehung aus, um seine Freiheit anderswo zu erleben, wo er seinen Ängsten noch nicht zu begegnen braucht. Diese Fälle gibt es, und dann macht es tatsächlich Sinn, beispielsweise am Thema Selbstbehauptung zu arbeiten und auf diesem

Weg die notwendige Veränderung der Partnerschaft herbeizuführen. Es wird jedoch unterstellt, diese Veränderungen führten quasi automatisch zur Wiederbelebung
des Begehrens, weil sie immer auf »ungelebtes Leben«
zurückzuführen seien.

Und ich nehme an, dass beide, wenn sie mit der Zeit verstehen, was diese fälligen Entwicklungen sind, Facetten von
›ungelebtem Leben‹, welche sie dem Paarmythos oder der
Alltagsroutine untergeordnet haben, wieder für sich beanspruchen und entfalten können. Ich gehe auch davon aus,
dass eine solche Entfaltung dann dem gemeinsamen Leben
zugute kommt, vorausgesetzt, sie bleiben lange genug zusammen und stürzen sich nicht kopfvoran in die neue Situation, weder als chronisch außerehelich Verliebte noch als
chronisch innerehelich Verlassene.[43]

Das hört sich clever an: Die Leidenschaft zu erhalten
wird gelingen, wenn die Partner im Falle der Untreue
entdecken, worauf diese zurückzuführen ist. Beispielsweise auf falsche Rücksichtnahme oder alltägliche Gewohnheiten. Ist dies erkannt, brauchen die Partner nur
lange genug zusammenzubleiben und dürfen sich nicht
nach außen orientieren. Dann kehrt die Leidenschaft in
die Beziehung zurück. Hier wird eine gewisse sensori-
sche Deprivation, eine sinnliche Verknappung, empfoh-
len. Bösartig könnte man von einer Methode sprechen,
den Partner »schönzumachen«, so wie man einen Partner mit Alkohol »schöntrinken« kann. Nach dem Motto
»In der Not frisst der Teufel Fliegen« soll sich die Sexualität schließlich und endlich auf den Partner richten,
weil niemand anderes zur Verfügung steht.
Noch besser wäre es demnach, die Partner auf eine verlassene Insel zu bringen. Dort würden sie auf jeden Fall
»lange genug zusammenbleiben« und könnten sich ga-

rantiert nicht »außerehelich« verlieben. Ihr gemeinsamer Sex wäre somit gerettet. Vorausgesetzt, man verbindet ihnen nachts die Finger, damit sie nicht selbst Hand an sich legen können und Befriedigung in der Onanie suchen. Und man fände darüber hinaus Wege, die Notausgänge ihrer sexuellen Phantasien zu blockieren, um zu verhindern, dass die Partner von anderen träumen, während sie miteinander schlafen. Denn Untreue und Flucht von der Enge kann auch auf unsichtbaren Wegen geschehen. Dann allerdings stört sie die Beziehung ebenso wenig, wie der unentdeckte Seitensprung dies oftmals tut.

Natürlich kann so genannte Untreue ganz andere Gründe haben. Einige davon werden später noch auftauchen. Partner werden also weiterhin mit dem Phänomen realer oder gedanklicher Untreue leben. Und auch wenn Untreue der Vorbote einer Veränderung der Partnerschaft ist, diese Veränderung muss weder zwangsläufig auf eine Verlängerung der Partnerschaft noch auf verbesserte Sexualität hinauslaufen; sie kann ebenso das Ende der Beziehung bringen, oder den Abschied von der Sexualität in der Beziehung, oder etwas ganz anderes.

Betrachtet man die Überzeugungen der Therapeuten, besteht die Gefahr, dass ihre Hoffnungen und ihr Glauben Grundlage ihrer Paartherapie und ihrer praktischen Interventionen werden und von den Partnern zu viel oder Falsches verlangt wird. Denn Intimität als Grundlage für eine erfüllte Partnerschaft genügt noch nicht. Die Partner müssen sich noch wesentlich mehr »erarbeiten«. Beispielsweise Autonomie.

Auf Grundlage ihrer Überzeugungen sind Therapeuten in der Lage, Partnern mancherlei Hoffnung auf Lösung zu machen, wie das folgende Zitat zeigt:

Sexuelle Leidenschaft als Teil von Intimität ist auf Dauer nur bei Ich-nahen, ebenbürtigen Partnern möglich, davon bin ich überzeugt. Das heißt: Nur wer gut allein leben kann, ist auch fähig, ohne Angst vor dem Ausgenützt- oder Aufgefressenwerden einen gemeinsamen Raum von Verbindlichkeit zu pflegen und sich immer wieder lustvoll fallen zu lassen in die sexuelle Verschmelzung.[44]

Solche absoluten Formulierungen transportieren große Versprechen: Werdet autonom, dann könnt ihr immer wieder lustvoll verschmelzen! Die Botschaft lautet: Partner, ihr könnt die Leidenschaft zurückerobern. Dazu müsst ihr lediglich die Angst verlieren. Werdet unabhängig, werdet Ich-stark und einander ebenbürtig, dann klappt alles wie von selbst.

Diese mit dem Brustton der Überzeugung geäußerten Ansichten können als Teil der Liebeslüge angesehen werden. Zwar werden sie von den Partnern begierig aufgenommen, aber es gibt keine Garantie dafür, dass sich das Versprechen erfüllen wird. Es gibt sogar Hinweise, dass Leidenschaft und Begehren nicht allein auf Autonomie beruhen, sondern sich aus der Dynamik psychischer Konflikte nähren, wie ich es in der 2. Liebeslüge zeigen werde. Der Therapeut, der solche Versprechen macht, geht kein Risiko ein und befindet sich stets in sicherer Position. Denn wenn es den Partnern nicht gelingen sollte, »sich immer wieder lustvoll fallen zu lassen in die sexuelle Verschmelzung«, dann, weil sie noch nicht *genügend* autonom, nicht *ausreichend* Ich-nah oder *wirklich* ebenbürtig geworden sind.

Nebenbei bemerkt: Das therapeutische Rezept des »Ichnahen Partners« steht im glatten Gegensatz zum christlichen Rezept, das den »einen Leib« fordert. Beide Behandlungen stellen jedoch dasselbe Ziel in Aussicht: Den Erhalt der Leidenschaft in der Lebenspartnerschaft. Einmal durch Pflege des Ego, ein anderes Mal durch dessen Auflösung.

Die Aussage, nur wer gut alleine leben könne, sei zur Abgrenzung in der Partnerschaft fähig, ist nicht nur zu absolut, sondern darüber hinaus ungenau. Denn viele Menschen können zwar gut alleine leben, aber schlecht zusammen. Wer eine Partnerschaft braucht, kann nicht völlig autonom sein. Seine Autonomie ist eingeschränkt durch unvermeidbare Abhängigkeiten. Ansonsten wäre ihm die Partnerschaft gleichgültig. Deshalb befinden sich Partner, solange ihre Partnerschaft besteht, stets im Konflikt zwischen Autonomie und Abhängigkeit und finden hierfür keine endgültige Lösung. Auch die so genannte autonome Persönlichkeit kann die Partner nicht aus dem Dauerkonflikt zwischen Nähe und Abstand befreien; und daher gibt es keinen sicheren Weg, zwischen Nähe und Abstand zu jonglieren, der die Leidenschaft unbeschadet sein lässt.

Partner, sofern sie dem therapeutischen Versprechen glauben, stehen nun vor der Aufgabe, autonome Persönlichkeiten zu entwickeln. An dieser Aufgabe ist sehr viel Nützliches dran, und es kommt viel Gutes dabei heraus. Eine autonome Persönlichkeit wird sich in der Tat weder ausnützen noch auffressen lassen, und das ist vorteilhaft für die Beziehung. Zweifelhaft ist, ob das sexuelle Begehren dadurch erhalten bleibt oder ob es sogar zurückkehrt. Und warum ein derart autonomer Mensch seine Sexualität auf die Partnerschaft beschränken sollte, warum gerade er Treue liefern oder aus welchem Grund er sie überhaupt erwarten sollte, das bleibt ein Rätsel, das wohl nur die Verursacher solcher Thesen begreifen können.

Deshalb bleibt den Therapeuten oft nicht mehr als Glaube und Überzeugung und eigene Erfahrung, die keinesfalls alle Arten moderner Partnerschaften umfasst. Die zitierte Psychologin zieht ihre Überzeugungen beispielsweise aus einer von ihr durchgeführten Befragung von 30 Paaren aus der »Lebensform der ›Familien- oder Versorgungsehe‹, der in meiner Untersuchung am meisten vertretenen [Beziehungsform] ...«[45]

Wenn hier vorwiegend die »Familien- und Versorgungsehe« untersucht wurde, tut sich ein weiterer Widerspruch zwischen Anspruch und Realisierbarkeit auf. Der eigentliche Zweck dieser Ehen liegt nämlich, wie der Begriff es ausdrückt, in der Familiengründung oder in gegenseitiger Versorgung und gerade nicht in der Pflege sexueller Leidenschaft und körperlicher Intimität. Warum sollten sich diese Partner so sehr um Leidenschaft bemühen? Ich habe in der Praxis oft erlebt, wie die Überbewertung des Sexuellen in solchen Partnerschaften aufhörte und wie Spannungen nachließen, nachdem die Partner begriffen hatten, *wozu* sie zusammen waren. Sie konnten dann sagen: »Unsere Verbindung liegt weniger im Sexuellen, unsere Beziehung lebt nicht von der Erotik, wir haben andere Aufgaben und Verbindungen.«

Und dennoch hat Rosemarie Welter-Enderlin auch Recht: Wenn ein Paar tatsächlich über »Facetten ungelebten Lebens« verfügt, wenn die Partner auf Grund von Hemmungen oder Machtkämpfen ihr Sexualleben bisher einschränkten, wenn sie sozusagen über Reserven der Leidenschaft verfügen, dann haben sie tatsächlich Chancen, die Sexualität in ihrer Beziehung erneut zum Leben zu erwecken.

Um es in tiefenpsychologischen Begriffen und am Beispiel einer am traditionellen Rollenverhalten orientierten Beziehung auszudrücken: Eine Frau, die sexuelle Verweigerung als Ausdruck ihrer Macht wählt und die deshalb ihre eigenen, offensiv aggressiven Anteile an den Mann delegiert, der diese wiederum als Ausdruck seiner Macht rhythmisch auf der Frau auslebt, kann ihr eigenes Begehren und ihr aggressives Wollen entdecken und aktiv lenkend in die Sexualität eingreifen. Dann macht sie nicht mehr mit, sondern fordert und nimmt sich, anstatt zur Verfügung zu stehen. Und wahrscheinlich genießt ihr Mann diese für ihn unverhoffte neue Möglichkeit zur Hingabe. Oder ein Mann hört auf, seine Frau begehren zu sollen und sich für diese Art Liebesbeweis abzustrampeln; stattdessen fordert er ihr Begehren und erhält es womöglich. Dann hört er auf zu machen und genießt. Optimalerweise geschieht dieses auf Gund verbesserter Kommunikation. Dann leben beide Partner in der Tat Facetten bisher ungelebten Lebens.

Da man in vielen Partnerschaften beträchtliche Erfahrungsdefizite und ein »... erschreckend niedriges Wissen um das geschlechtsspezifisch unterschiedliche Erleben von Sexualität bei Männern und Frauen ...«[46] feststellt, kann man davon ausgehen, dass etliche Paare über ein gewisses Erlebensreservoir verfügen. Ganz sicher erlebte beispielsweise jenes Paar aus meiner Beratung, das nach fünf Jahren frühzeitigem Samenerguss erstmals länger miteinander schlafen konnte, erneut Phasen sexueller Verliebtheit. Und natürlich halfen hierbei Therapien.

Aber das stellt *Erweiterungen* sexueller Ausdrucksmöglichkeiten der Partner dar und liefert keine Lösung des Konfliktes zwischen Partnerschaft und Leidenschaft, des Widerspruchs zwischen Dauer und Begehren. Natürlich soll man diese Erweiterungen in Anspruch nehmen, aber keinesfalls das Versprechen daran knüpfen, Autonomie und Ich-Nähe würden »immer wieder« in die »lustvolle Verschmelzung« führen. Denn wie weit diese neue Fähigkeit oder erotische Reserve die frisch entfachte Leidenschaft in die Zeit hineinträgt und ob es sich nicht einfach um eine zeitliche Verschiebung des Themas handelt, bleibt für die Partner abzuwarten. Womöglich und zumeist stehen sie dann einige Monate oder Jahre später vor den gleichen alten Problemen.

Und was ist mit jenen Partnern, die weder unter Hemmungen litten, noch ihre Leidenschaft zurückhielten? Die ihre Sexualität auslebten? Wer wird ihnen vom Jungbrunnen der Leidenschaft zu trinken geben? Wird der redlich bemühte Therapeut auf die angeblich zu Grunde liegenden Konflikte treffen, wenn er nur tief genug nach »Ursachen« schwindenden Begehrens gräbt?

Sexualität ist zumeist lediglich verschüttet und braucht nur freigelegt zu werden.

Hier könnte das Konzept der *Verschüttung* greifen. Diese Idee unterstellt, die vielen persönlichkeitsbezogenen Konflikte und Missverständnisse der Partnerschaft hätten im Laufe der Jahre eine Schicht von Asche auf das Feuer der Leidenschaft rieseln lassen. Die wiederum sei

Ursache dafür, dass das Feuer der Leidenschaft nicht brennen könne. Doch noch sei nichts verloren, denn unter dieser Schicht aus Ärger und Streit, Enttäuschung und Frustration, da glimme die Glut der leidenschaftlichen Sexualität munter weiter und warte ungeduldig auf frische Luft. Demnach müsse man lediglich die Asche oder den Schutt beiseite räumen, um alles so werden zu lassen, wie es einmal war.

Das klingt zwar logisch, aber auch zu schön, um wahr zu sein. Denn das Bild der *Verschüttung* ist schon in sich unsinnig. Tatsächlich hält sich die Glut eines Feuers unter seiner Asche länger. Aber wer die Asche beiseite räumt, wird erleben, wie in kürzester Zeit auch diese Glut vergeht. Wenn man kein frisches Holz nachlegen kann, vermag alle Luft der Welt es nicht, ein neues Feuer zu entfachen. Woher aber kommt das frische Holz? Anscheinend muss jeder Partner über einen unerschöpflichen Vorrat davon verfügen. Werden hier nicht individuelle Sehnsüchte der Partner und konkrete Möglichkeiten der Partnerschaft verwechselt? Glaubt man tatsächlich, allein durch Sehnsucht ließe sich das Feuer der Leidenschaft nähren?

Wie man sehen kann, setzen Therapeuten das »ungelebte Leben«, die »ungelebte Leidenschaft« oder die »Verschüttung der Glut« zumeist grundsätzlich voraus. Um diese Reserven anzuzapfen, greifen sie dann auch zu manchen technischen Tricks und Ratschlägen, wie ich sie im Abschnitt *Die Techniklüge* noch beschreiben werde. Man sollte allerdings nicht vergessen, dass es sich hierbei um therapeutische Konzepte und nicht um Wahrheiten handelt. Beobachten lässt sich, dass sich Begehren und Verlangen wenig um die Tricks und Ratschläge der Experten kümmern. So können die meisten

Menschen auch gut gemeinte psychologische Hilfen kaum umsetzen. Ganz im Gegenteil, sie übernehmen aus der Therapie nicht selten hohe Ansprüche, denen sie dann im wirklichen Leben nicht gewachsen sind und nicht gerecht werden können. Dann befinden sie sich in einem Kreislauf aus Beratung, Hoffnung, Enttäuschung und womöglich Selbstverurteilung.

Umdeutung von Sexualität – Sexologen am Werk

Psychologen und Therapeuten bleiben die Mängel der *Arbeit an der Sexualität* nicht verborgen. Sie ahnen, wie begrenzt ihre Konstrukte sein können, und arbeiten deshalb an einer Neudeutung oder Umdeutung der Sexualität.

Unterstützt werden sie dabei von der Sexologie, einer recht jungen Wissenschaft, die ihren Anfang in den zwanziger Jahren nahm und deren eigentliche Fortschritte in der Nachkriegszeit liegen. Ein besonderes Konstrukt der Sexologen, auf das ich hier näher eingehen möchte, ist der schon bekannte Begriff der Sexualität als »soziale Kommunikation«. Weil gerade Psychologen und Therapeuten diesen Begriff oft und begeistert in ihre Glaubenssysteme einbauen, lohnt es, diesen näher zu betrachten.

*Sexualität steht als
soziale
Kommunikation im
Dienst der
Paarbindung.*

Was ist unter »Sexualität als soziale Kommunikation« zu verstehen? Eigentlich etwas ganz Selbstverständliches. Der Begriff meint, Sexualität diene nicht bloß der geschlechtlichen Aktivität, sondern auch dem Austausch von Emotionen. Die körperliche Nähe, erlebt in der sinnlichen Erfahrung des Koitus, und die darin gespürte Wärme vermittle auch emotionale Botschaften der Nähe (des Angenommenseins) und des Geborgenseins. Daher stehe Sexualität im Dienste der Paarbindung.

Da mag und kann man wenig gegenhalten. Sexualität schafft und braucht Beziehung, und eine Sexualität, die emotionale Faktoren ausklammert, wird weniger befriedigend sein als eine Sexualität, die Gefühle beinhaltet. Der Mensch, der Gefühle von seiner Sexualität fernhält, wird eine beinahe zwanghaft-sexuelle Aktivität entwickeln, in der er emotionale Nähe zwar unbewusst sucht, aber sie auf diesem Wege nicht finden kann.

Doch Sexualität, wie es Sexologen tun, deshalb ganz selbstverständlich in den »Dienst der Paarbindung« zu stellen und damit die Dauerbeziehung, die Lebenspartnerschaft zu meinen, scheint ein verwegenes Kunststück zu sein, doch keineswegs ein unübliches, wie ein Zitat des Schweizer Paartherapeuten Jürg Willi zeigt:

›Für junge Frauen wie Männer stehen Gefühle, Zärtlichkeit und emotionale Bindung beim Ausleben ihrer Sexualität an erster Stelle.‹ Nicht schiere Lust sei die treibende Kraft beim Sex, sondern die Selbstbestätigung des Paares, die körperliche Bestätigung gegenseitiger Zuneigung.[47]

94

Paare sind demnach miteinander sexuell aktiv, um ihre Zusammengehörigkeit zu bekräftigen. So wie Störche zur Paarbekräftigung miteinander klappern, so lieben sich die Partner im Dienst ihrer Beziehung.

Untersuchungen von Gunter Schmidt bestätigen zwar, dass Treue heute wieder gefragt ist. Aber gleichzeitig nehmen Trennungen zu, weil die Partnerschaften nun kürzer dauern. Die jungen Leute sind treuer und serieller zugleich. Dies widerspricht der These einer Sexualität zur Bestätigung und Festigung der Partnerschaft, denn genau diese Sexualität führt ja den Wechsel zum nächsten Partner herbei.

Durch die Deutungen der Psychologen bekommt Sexualität eine gänzlich neue Aufgabe; und zwar die abwegige Aufgabe der Absicherung von Partnerschaft.

Der Koitus schickt sich an, einen neuen Stellenwert als zwischenmenschliches Kommunikationsmittel zu bekommen, was der Einführung wirksamer Verhütungsmittel zugeschrieben wird. Wen schert es da, wenn Leidenschaft, Lust, Gier, große Liebe, kurz all das, was wir bislang mit Sexualität zusammendachten und was dieser ihr besonderes Aroma verlieh, in diesem zwischenmenschlichen Kommunikationsmittel nicht mehr unterzubringen sind.[48]

Doch dieses Kunststück gelingt den Sexologen problemlos, wie das folgende Zitat zeigt:

Menschliche Sexualität wird ihr Potential optimal und am vitalsten dort entfalten und vor allem auf Dauer behalten können, wo sie in Übereinstimmung von physischem und psychischem Geschehen Grundbedürfnisse nicht nur zum Ausdruck bringt, sondern als Verkörperung der Beziehung gleichzeitig erfüllt. Dabei verlangt nicht nur die in der jeweiligen Beziehung herangewachsene bzw. durch die unerläßliche Arbeit für den Liebesunterhalt (Moeller 1991) immer neu zu erringende und zu erstreitende Nähe Annahme und Offenheit nach entsprechendem körperlichen Ausdruck, sondern dieser wirkt auch im Sinne der Lerngesetze auf die Beziehung belebend zurück und verstärkt ihre Inhalte.[49]

Gut, dass es die Lerngesetze gibt! Worin auch immer sie bestehen, sie verstärken Erotik und Sexualität in der Langzeitbeziehung. Leider scheinen Millionen Paare nichts von den Lerngesetzen gehört zu haben. Und vor dem Hintergrund der zitierten Thesen erweist sich jahrtausendelang praktizierte außereheliche Sexualität als großer historischer Irrtum. Hetären, Mätressen, Kurtisanen, Geliebte waren im Grunde überflüssig, so wie Seitensprünge, außereheliche Beziehungen und Onanie es heute sind. Denn die partnerschaftliche Liebe verlangt ja, nachdem sie immer wieder neu erstritten ist, geradezu unvermeidlich nach »körperlichem Ausdruck«.

Glücklicherweise können wir solche Irrtümer nun, dank der Lerngesetze und einer Sexualität als soziale Kommunikation, durch Therapie und Arbeit an der Beziehung, durch eine Sexualität im Dienste der Paarbindung, korrigieren. Da kommen selbst dem Experten Zweifel und er erklärt: »Daraus ergibt sich ein problemträchtiges Spannungsfeld zwischen Anspruch und Realisierbarkeit.«[50]

Ja, in der Tat schafft es gewaltige Probleme, Sexualität einfach für die Dauerbeziehung zu beschlagnahmen. Denn auch wenn man durchaus Sinn in der Vorstellung einer Sexualität als soziale Kommunikation findet, so leuchtet doch nicht ein, warum dies beispielsweise für einen One-Night-Stand nicht zutreffen sollte. Ist das keine Kommunikation? Können dort Gefühle nicht unterkommen? Und vor allem: Ist Kommunikation ansonsten auch nur auf *einen* Menschen beschränkt?

Noch einmal, wissenschaftlich verbrämt, zum Staunen und Genießen:

Menschliche Sexualität wird ihr Potential optimal und am vitalsten dort entfalten und vor allem auf Dauer behalten können, wo sie in Übereinstimmung von physischem und psychischem Geschehen Grundbedürfnisse nicht nur zum Ausdruck bringt, sondern als Verkörperung der Beziehung gleichzeitig erfüllt.

Das ist die Lösung: Sexualität, optimal, vital, dauerhaft – *in* der Beziehung, womit natürlich die ganz normale Paarbeziehung gemeint ist. Und wer das nicht nachvollziehen kann, und vor allem, wer dies in seiner eigenen Partnerschaft nicht feststellen kann, der spricht eben die Sprache sozialer Kommunikation nicht. Er darf sich als Anfänger der Liebe, als sexueller Analphabet betrachten.

Kein Wunder, dass Therapeuten solche sexualwissenschaftlichen Vorlagen gerne aufgreifen, um sich daran zu berauschen, denn auf der Grundlage solcher Ansichten scheint tatsächlich (fast) alles machbar. Eine wahrhaft frohe Kunde, auf die Paare gewartet haben und die sie in Hoffnung versetzt. Wissenschaft gerät zur Verklärung (nicht zum ersten Mal), und es wird weiter geschwelgt:

Gerade die (Rück-) Besinnung auf den Kommunikationsgehalt menschlicher Sexualität und damit ihre Einbettung in Beziehung kann den notwendigen Rahmen schaffen, in welchem Lust und Leidenschaft, sowie alle für sich allein enttäuschenden »Techniken«, individuellen Vorlieben und Praktiken Platz finden und erst auf Dauer »aufgehoben« sein können.[51]

Was heißt hier Rückbesinnung? War es denn jemals so? Wann war Sexualität jemals auf Dauer in Beziehungen eingebettet, außer in den Idealen der Menschen? Der historische Überblick hat hinlänglich gezeigt, dass es diese hier locker unterstellten dauerhaft leidenschaftlichen Partnerschaften nie gab.

Treffen wir hier nicht vielmehr auf den Versuch, der menschlichen Sexualität eine neue Bedeutung zu verleihen? Ihr aus praktischen Erwägungen heraus einen neuen Auftrag zu erteilen? Und würde dieser Versuch der Neudeutung von Sexualität nicht möglicherweise eine gigantische Überforderung darstellen? Da kommen wiederum dem Experten Zweifel, wissenschaftlich ausgewogen versteht sich:

Über alledem darf nicht vergessen werden, dass Sexualität mit ihren stammesgeschichtlichen Anteilen, ihrer individuellen Entwicklungsgeschichte, ihrer soziokulturellen Überformung und Multifunktionalität immer vielschichtiger bleibt als Theorien und Modelle zu ihrer Erfassung. Vor allem kann sie nicht »gezähmt« werden.[52]

Aber genau daran, an der Zähmung der Sexualität, versuchen Psychologen und Therapeuten sich allzu häufig, allzu verbissen und allzu angestrengt. Nur den Theologen gelingt so etwas mit Genuss.

Und wie werden »Multifunktionalität« und »stammesgeschichtliche Anteile« der Sexualität in der Paartherapie denn berücksichtigt? Eigentlich überhaupt nicht. Diese unkontrollierbaren, rohen, wilden und freien Aspekte müssen in Therapie und Beratung leider draußen bleiben, sind beim Therapeuten wenig erwünscht und gelten schnell als Ausdruck von »Unreife«. Aufmerksamen Beobachtern der Szene bleibt dies nicht verborgen.

Von ihrem ganzen Arrangement her betrachtet, scheint die Paartherapie sich aber weniger mit dem dynamischen Element, nämlich der Sexualität, als mit dem statischen Element, nämlich der Beziehung, zu verbinden.[53]

Auch die von der Paartherapie zur Rechtfertigung gebrauchte Sexualwissenschaft ist keineswegs neutral.

Hat diese nicht von Anbeginn auch die Aufgabe übernommen, die Sexualität zu entschärfen, indem sie sie überschaubar, planbar und beherrschbar machte?[54]

Paartherapie und Sexualwissenschaft sind also parteiisch und verfolgen eigene Ziele. Sexualität soll ans Eheband gelegt werden, sich in die Lebenspartnerschaft einfügen, soll gemacht, erarbeitet, gestaltet, konserviert werden, soll sich den Wünschen und Sehnsüchten der Partner fügen. Keinesfalls aber sollen die Partner auf die Bedingungen der Leidenschaft eingehen und ihre überzogenen Erwartungen in Frage stellen.

Solche Funktionalisierung der Sexualität für die Paarbindung könnte sich erneut, diesmal nicht als theologischer, sondern als therapeutischer Irrtum erweisen. Partner sollten sich über die gängigen Versuche zur Zähmung der Sexualität und die verbreitete Tendenz von Therapeuten, den Widerspruch von Sexualität und Partnerschaft als gegenstandslos zu erklären, im Klaren sein. Sie sollten wissen, dass jedes therapeutische Modell, stellt es sich auch noch so wissenschaftlich dar, neben seinen nützlichen und hilfreichen Annahmen auch eine Unzahl von reinen »Glaubenssätzen« enthält und dass keine Therapie frei von Ideologie ist.

So kommt es für Hilfe suchende Paare wohl in erster Linie darauf an, einen Therapeuten mit ähnlichem Überzeugungshintergrund zu finden. Auf dem Boden gemeinsamer moralischer und ideologischer Vorstellungen kann dann experimentiert werden. Und sind wir ehrlich – viel mehr als Experimente mit zufällig gutem oder schlechten Ergebnis kommen dabei selten heraus.

Partnerschaft vertieft
die sexuelle
Erfahrung.

Nicht nur Psychologen und Sexologen, auch andere Wissenschaften befassen sich mit dem Thema. Außerhalb der Sexologie jedoch einen einheitlichen wissenschaftlichen Standpunkt zum Verhältnis von Partnerschaft und Sexualität zu beschreiben, wird auf Grund der vielfältigen Meinungen unterschiedlicher Forschungsrichtungen kaum möglich sein. Das hier aufgeführte Beispiel des Göttinger Neurobiologen Gerald Hüther soll daher lediglich zeigen, dass auch andere Wissenschaftler ihren Forschungsgegenstand keineswegs neutral, sondern stets vor dem Hintergrund einer bestimmten Überzeugung wahrnehmen. Auch sie sind letztlich Gläubige. Hüther meint:

Jeder Mann spürt, dass seine männliche Erfahrungswelt nur die halbe Welt ist. So wie jede Frau ahnt, dass ihr die andere Hälfte fehlt. Intuitiv suchen beide den Austausch, der mehr ist als die Befriedigung einer vorübergehenden sexuellen Erregung. Eine solche Beziehung zwischen Mann und Frau kann immer tiefer gehen.[55]

Im ersten Moment klingt das alles sehr plausibel und verlockend. Beim zweiten Lesen jedoch stellen sich erste Fragen ein. Hüther spricht vom Komplementäreffekt einer Langzeitbeziehung, den ich in meinem Buch »Faszination Beziehung« als Wesensergänzung beschreibe. Damit kann man sich einverstanden erklären, auch wenn man nicht einsehen mag, wieso Mann und Frau »halbe

Welten« darstellen sollten. Findet hier eine Vermischung von Geschlechtsmerkmalen mit Rollenverhalten bzw. Persönlichkeitsmerkmalen statt?

Merkwürdig ist auch, eine Wesensergänzung, die Merkmal vieler Langzeitbeziehungen ist, mit vorübergehender sexueller Erregung zu vergleichen. Das eine sei »vorübergehend«, das andere gehe »immer tiefer«. Der Vergleich macht wenig Sinn. Sexuelle Erregung kann in einer Dauerpartnerschaft oder außerhalb davon auftauchen, steht also nicht in Konkurrenz dazu. Daher erscheint die relative Abwertung sexueller Erregung unnötig. Auch das angebliche Phänomen ständiger Vertiefung in der Dauerbeziehung wird wohl kaum nachweisbar sein. Spricht der Neurobiologe von Tiefe und meint eigentlich Dauer? Und hält er Dauer für ein Qualitätskriterium? Der Eindruck einer Idealisierung der Lebenspartnerschaft entsteht auch hier, unter dem Mantel der Neurobiologie.

Gesunde Paare tun
»es« regelmäßig.

Wem das unter schwindender Leidenschaft leidende Paar auch begegnet, seien dies Psychologen, Therapeuten, Theologen oder Wissenschaftler: beinahe alle Experten stimmen darin überein, diese Entwicklung als unnötiges Manko der Langzeitbeziehung zu werten; und ein jeder bietet sein eigenes Rezept zur Lösung dieser »Störung« an. Der Einfluss der Expertenlösungen auf die Vorstellungswelt der Partner wäre indes geringer, würden nicht die Medien eifrig an der Verbreitung der Liebeslügen arbeiten.

Medien stürzen sich begierig auf jedes Machbarkeitsversprechen und nähren bereitwillig die Hoffnungen ihrer Leserschaft. Wollte man die Liebeslügen der Medien aufzählen, würde dies den Rahmen des Buches sprengen. In den Kapiteln *Die Erlösungslüge* und *Die Techniklüge* sind etliche davon aufgezählt.

Wie erfolgreich Medien mit der unkritischen Verkündung angeblicher Machbarkeit und statistischer Normalität sind, erfuhr ich vor kurzem von einem Freund. Dieser sechsunddreißigjährige Mann erzählte recht niedergeschlagen vom Schwinden seiner Lust. Er schlafe nach vier Jahren Beziehung höchstens noch einmal in der Woche mit seiner Frau, worunter sie leide, und unter diesem Zustand leide nun auch er. Damit, konnte ich ihn beruhigen, läge er im Durchschnitt. Diese Nachricht wirkte denn auch erleichternd. Mein Freund hatte gedacht, »... die anderen würden es drei-, viermal in der Woche machen ...«. Woher stammte diese völlige Fehleinschätzung und woher die Idee eines Durchschnittes? Aus Zeitschriften und Büchern, wie er betonte.

Wohl auch aus Publikationen wie denen der bekannten Sexualwissenschaftlerin Helen Kaplan. Sie spricht in ihrem Buch *Sexualtherapie bei Störungen des sexuellen Verlangens* »... von anomal niedriger Frequenz ...«, wenn »... sexuelle Aktivität weniger als einmal alle zwei Wochen im Alter von 55 Jahren und jünger verzeichnet wird ...«. Relativierend und versöhnlich weist sie nun darauf hin, dies sei für »... statistische und Forschungszwecke ...« ausreichend und betont, dass im DSM IV (einem Diagnoseschlüssel für Ärzte) ausdrücklich »... deutliches Leiden oder zwischenmenschliche Schwierigkeiten ...« gefordert werden, sonst sei eine Diagnosestellung nicht gerechtfertigt.

Frau Kaplan, das klappt doch prima! Zuerst wird also Normalität statistisch definiert. Anschließend wird diese Erkenntnis per Buch oder Zeitschrift verbreitet. Und schon kommen sich viele Langzeitpartner anormal vor und leiden augenblicklich. Denn sie machen *es* nicht einmal in zwei Wochen, sondern oft einmal im Monat oder einmal im Jahr – oder überhaupt nicht mehr. Fühlen sich die Leute erst mal krank, steht einer Diagnose per DSM IV nichts mehr im Wege, und man darf sie ruhigen Gewissens behandeln.

Die Diagnose der »Störung des sexuellen Verlangens« schafft das von ihr geforderte »deutliche Leiden« und die »zwischenmenschlichen Schwierigkeiten«. Hat man die leidenschaftslose Beziehung auf diese Weise für anormal erklärt, braucht man sich um das Leiden nicht zu sorgen. Denn wie sollen Menschen, die so etwas lesen, sich nicht in Frage stellen? Es würde schon eine beachtliche Selbstsicherheit erfordern, unter diesen Umständen ruhig zu bleiben. Wer will schon weniger als »normal« sein als die anderen? Da sei Viagra vor!

Die Presse greift solche Darstellungen bereitwillig auf. So wird mit den Sehnsüchten der Partner Auflage gemacht. Ohne weiteres kann man sich vorstellen, dass in wenigen Jahren Hunderttausende aufgeregter Rentner die therapeutischen Praxen stürmen. Seit sie an allen Ecken und Enden von Psychologen, Wissenschaftlern und Medien darauf gestoßen werden, Sexualität brauche auch im hohen Alter nicht zu erliegen, ja sie dürfe es auf keinen Fall, fürchten die Alten um die Paarbindung. Nun verlangen sie nach dem Verlangen und begehren Therapien zu dessen Rekonstruktion.

Sie halten dies für übertrieben? Der »Spiegel« schreibt dazu: »Der Aufstand (der Alten) hat längst begonnen … beispielsweise in den Seniorensiedlungen im Sonnenstaat Florida … Hier kommt auch die Sexologin Ruth

Westheimer (72) gut an mit ihrem Apell an die Seniorinnen, bei der Gymnastik nur ja nicht das Training der Vaginalmuskeln zu vergessen ...«[56]
Ein großer Erfolg sexologischer Aufklärung und herzlichen Dank an die Medien.

Bindung und Begehren als Widerspruch

Manche psychologischen und sexologischen Untersuchungen haben sich mit den Zusammenhängen von Sexualität und Partnerschaft befasst und bestätigen im Gegensatz zum Mainstream der Experten den Rückgang der Leidenschaft in Langzeitbeziehungen.[57] Diese Ergebnisse erweisen eine direkte Abhängigkeit der Leidenschaft vom Grad der Fremdheit. »Die sexuelle Aktivität eines Paares, so zeigt eine umfangreiche Studie an Briten, wird ... durch die Dauer ihrer Partnerschaft sehr viel stärker gedämpft als durch ihr Lebensalter.«[58]
Eine wissenschaftliche Erklärung dafür bietet die Bindungstheorie, die zwei grundsätzliche Bindungsformen unterscheidet. Zum einen *die kindliche Bindung,* die sich durch Vertrautheit auszeichnet und zum anderen die *sexuelle Anziehung,* die das Fremde sucht. Nach dieser Theorie hilft die sexuelle Neugier der Pubertät bei der Ablösung von der kindlichen Bindung an die Eltern. Die erotische Sehnsucht nach dem Fremden hilft also, sich vom Vertrauten zu lösen. Eine Aufgabe der Sexualität besteht demnach nicht darin, gewohnte Beziehungen zu festigen, sondern ganz im Gegenteil soll sie helfen, diese zu verlassen. Die Bindungstheorie kommt daher zu dem Schluss:

Bindungs- und sexuelle Motivation sind immer Antagonisten ... Deshalb stellen sich Menschen, die dauerhafte sexuell
erfüllte Partnerschaften leben wollen, paradoxe Aufgaben ...
diese Hypothese wird auch dadurch gestützt, dass Paare, deren Beziehung weniger verbindlich ist (nicht-verheiratet ver-
sus verheiratet) häufiger sexuell aktiv sind ...[59]

Das ist ein überaus interessanter Aspekt. Unverheiratete
Paare machen »es« öfter. Sie leben zusammen, aber sie
sind mangels Ehevertrag weniger äußerlich und demzufolge auch weniger innerlich gebunden. Sie sind und fühlen sich freier, und das wirkt sich positiv auf ihre Sexualität aus. Wahrscheinlich fühlen sie sich einander weniger sicher und ritualisieren in gemeinsamer Sexualität
ihre Verbundenheit. Der größere Abstand zueinander
hilft ihnen, sich zu begehren, denn begehren kann man
nur, was man nicht hat, was man nicht besitzt.
Etliche Psychologen werden nun zustimmend ausrufen,
gerade dies untermauere ihre Thesen. Da autonome
Partner mehr Leidenschaft haben, liege eine Lösung
greifbar nahe. Wenn es nun gelänge, sich trotz Ehever-
trags autonom zu fühlen, wäre den meisten Paaren sehr
geholfen. Richtig. Wenn es gelänge. Soll man, vielleicht
durch Hypnose, einfach vergessen, dass man verheiratet ist? Oder reicht es, den Ehevertrag in irgendeiner
Schublade zu verlegen? Wie auch immer, offenbar
braucht man nur das Kunststück fertig zu bringen, sich
verheiratet unverheiratet zu fühlen, um die Sexualität
in der Partnerschaft lebendiger zu erhalten.

Der Bindungstheorie zufolge braucht Begehren den Abstand zum Gewohnten und Sicheren; und allzu große Intimität und Vertrautheit wirkt dämpfend auf das sexuelle Verlangen.

Diese Dynamik, die durch einige Untersuchungen bestätig ist, führt auch die verwegenste Forderung der Psychologen ad absurdum, die Vorstellung nämlich, Leidenschaft solle die partnerschaftliche Liebe nicht bloß begründen und darin erhalten bleiben, sondern die Liebe der Partner »immer wieder neu entfachen«, wie es der amerikanische Psychologe eingangs vorschlug.

Damit wäre tatsächlich der Höhepunkt der Verklärung erreicht: Sexuelle Leidenschaft als Antrieb und als Reparaturkitt der Partnerschaft. Gerade das, was in Beziehungen so schwierig ist, nämlich die Leidenschaft zu erhalten, soll nun die Beziehung sogar dauerhaft absichern. Paradoxer geht es kaum.

Viele Jahre haben die Partner miteinander verbracht, haben unzählige Alltagshandlungen vollzogen, sich ihre Sorgen und Nöte erzählt, sind einander nah, gewohnt und vertraut geworden. Sie haben alles erdenkliche getan, um partnerschaftliche Identität und gegenseitige Bindung aufzubauen. Nur im Sexuellen sollen sie einander fremd genug geblieben sein, um ständig neues Begehren empfinden zu können. Doch die geschaffene Vertrautheit dämpft das Verlagen, wenn auch nicht schlagartig. Der Rückzug des Begehrens ist zumeist ein schleichender Prozess. Es kann einige oder etliche Jahre in Anspruch nehmen, bis die anfängliche Fremdheit und damit das Begehren schmerzlich vermisst wird.

In der TV-Kultserie »Eine schrecklich nette Familie« ist das Thema Sexualität ein Dauerbrenner zwischen den Eheleuten Al und Peg Bundy. In einer Episode kommt es zu einer interessanten Szene. Al, der Ehemann, besucht mit Freunden einen Nachtclub. Dort tritt eine verschleierte Bauchtänzerin auf, von der Al ganz hingerissen ist. Er gerät in Verzückung und schwärmt davon, wie toll es wäre, mit so einer Frau Sex zu haben. Die schöne Fremde becirct ihn, küsst ihm zärtlich und verlangend Hals und Schultern. Schauer durchlaufen Al, und er ist ganz in ihrem Bann. Dann nimmt die Bauchtänzerin ihren Schleier ab, und Al erkennt entsetzt seine Frau Peg. Mit einem Schlag ist seine Leidenschaft verschwunden, sein Begehren ist wie ausgelöscht.

»Ja, genau so ist es«, werden Sexualwissenschaftler nun begeistert ausrufen! »Das ist der Beweis unserer Thesen. Sex findet im Kopf statt! Das Gehirn ist das größte Sexualorgan! Hätte Al nicht gemerkt, dass es sich um seine Frau handelt, wären die beiden ins Bett gegangen und hätten Augenblicke unvergleichlicher Leidenschaft erlebt. Die Erde hätte gebebt.«

Das Gehirn mag bestimmt das größte Sexualorgan sein. Aber was folgt daraus? Wie sollte man Al dazu bringen, seine Frau *nicht* zu erkennen? Und wie könnte man seine emotionale, physische, psychische, geistige Reaktion verändern, wenn er sie an ihrem Geruch, ihrer Haltung, ihrer Haut, ihrem Körper, ihren Lauten ganz sicher schließlich doch erkennt? Mit Gehirnwäsche? Mit Pillen? Durch eine Operation?

Man kann es drehen und wenden wie man will: »Bindungs- und sexuelle Motivation sind immer Antagonisten«; und dieser Widerspruch macht sich früher oder später in jeder Partnerschaft bemerkbar.

*Es ist ein Mythos, dass
verbindliche
Partnerschaft und
leidenschaftliche
Sexualität unvereinbar
sind.*

Wie gehen nun Praktiker, also Eheberater und Therapeuten, mit diesem im Grunde nicht zu leugnenden Gegensatz von Bindung und Begehren um? Sie relativieren ihn. Sie greifen in die Mitte beider Motivationen und postulieren so etwas wie eine »gebundene Leidenschaft« oder, wenn es besser gefällt, eine »leidenschaftliche Gebundenheit«.

Das Rezept ist so schlicht wie falsch. Man konstruiert aus Gegensätzen einen neuen Begriff und erklärt diesen zur Lernaufgabe für Paare. Auf solche Weise wird aus den spannungsfördernden Polen Fremdheit und Vertrautheit eine »vertraute Fremdheit« oder eine »fremde Vertrautheit« gestrickt. Aus den Gegensätzen Dynamik und Kontinuität wird eine »dynamische Kontinuität« gezaubert oder noch besser eine »kontinuierliche Dynamik«, und entsprechend aus Bindung und Leidenschaft eine »gebundene Leidenschaft« oder eine »leidenschaftliche Gebundenheit«. Ein wahrer Sieg der Logik. Aber wie lässt sich so etwas umsetzen? Ganz einfach. Man muss nur »darum kämpfen« oder »daran arbeiten«.

Haben sich solche Ideen durchgesetzt, ist es einfach zu behaupten, es wäre ein »Mythos, wonach leidenschaftliche Sexualität unvereinbar sei mit einer verbindlichen Paarbeziehung«,[60] oder etwas moderater: »Sexualität ist im ehelichen Alltag zwar nicht überraschend, sie braucht deshalb jedoch nicht öde oder langweilig zu sein.«[61]

Das klingt wieder nach einem Versprechen: Liebe Part-

108

ner, Sexualität *kann* zurückgehen, sie *muss* es aber nicht. Die Leidenschaft *kann* zurückgehen oder vergehen, sie *muss* es aber nicht. So? Warum aber passiert solches dann, und zwar flächendeckend, wie der Hamburger Sexualforscher Gunter Schmidt versichert:

Liebevolle, harmonische Zweierbeziehungen, die gleichzeitig auch noch über Jahrzehnte hinweg gekrönt sind von intensiver, leidenschaftlicher Sexualität, so wie sie in Phasen der Verliebtheit erlebt wird, gibt es nicht.[62]

Manche Experten räumen zwar ein, dass Leidenschaft zurückgehen könne, aber schon haben sie die Gründe solcher Störungen identifiziert und wiederholen gebetsmühlenartig, dass entweder »emotionale Konflikte« und »Verletzungen« ursächlich für diese Entwicklung seien oder eine zu große Bindungssicherheit.

Folgt man diesen Behauptungen, bieten sich Lösungen gleich reihenweise an, die entweder auf Konfliktbewältigung und Harmonisierung in der Partnerschaft oder im Gegensatz dazu auf Fremdheitsförderung hinauslaufen. Tatsächlich können sich hieraus durchaus Erfolge zeigen, jedoch wohl nur dann, wenn Sexualität tatsächlich entweder durch ungelöste Konflikte oder durch ein Übermaß klammernder Nähe und klebriger Verbundenheit behindert wurde, und wenn dies nicht über einen derart langen Zeitraum der Fall war, dass die Uhr nicht zurückgedreht werden kann.

Der Versuch, einer Partnerschaft die Vorteile von Vertrautheit und Fremdheit gleichzeitig zur Verfügung zu stellen, kann allerdings überaus mühselig sein, wie Rosemarie Welter-Enderlin feststellt:

»Mir ist deutlich geworden, dass ... das emotionale Erwachsenwerden die wichtigste Voraussetzung dafür ist, dass Liebende einander bis ins Alter immer wieder lustvoll und neugierig begegnen. Das klingt einfacher, als es im Leben ist. Im Alltag der Psychotherapie bin ich immer wieder erschüttert über den abgrundtiefen Schmerz und die unglaubliche Wut bei Frauen und Männern, die mit solchen Entflechtungsprozessen verbunden sind. (Dieser) Entflechtungsprozess, der immer auch ein Stück Anerkennung der Fremdheit von Frau und Mann bedeutet, ist paradoxerweise die Voraussetzung zu Intimität.«[63]

Ja, es ist nicht einfach, wenn nicht sogar unmöglich, auf Dauer gleichzeitig nah und fern, gewohnt und fremd zu sein. Auch wenn es ideal für die Partner wäre, so bleibt die Frage, ob ihre Beziehung dabei mitspielt.

Beziehungen als eigenständige Wesen

Es scheint, dass Therapeuten andere Gründe als die »Störung« für den Rückgang der Sexualität in Partnerschaften entweder übersehen, ausschließen oder geradezu leugnen wollen. Dabei bieten sich weitere Erklärungsmöglichkeiten durchaus an.

Die Hamburger Sexualwissenschaftlerin Kerstin von Sydow schreibt: »Ehequalität scheint eine Eigenschaft der Dyade zu sein, nicht etwas, was ein Individuum von einer Beziehung in die nächste trägt.«[64] Das bedeutet, die Qualität einer Ehe hängt nicht von einem Partner ab, sondern vom Zusammenspiel beider Partner.

Da kann man noch einen Schritt weitergehen. Bedenkt man, dass eine Beziehung nicht einfach aus den bewussten Absichten zweier Partner besteht, sondern zum größten Teil durch die Verbindung der unbewussten Anteile zweier Persönlichkeiten zu Stande kommt,[65] dann lautet die logische Folgerung: Sexuelle Qualität ist ebenfalls eine Eigenschaft der Dyade, ergibt sich also aus dem Zusammenspiel unkontrollierbarer Persönlichkeitsanteile.

Hieraus ergibt sich folgendes Bild: Wenn Kurt mit Klara eine leidenschaftliche Sexualität verbindet und Peter mit Petra, dann haben wir zwar vier sehr leidenschaftliche Personen vor uns, aber es ist möglich, dass zwischen Kurt und Petra oder Peter und Klara nicht der geringste Funke überspringt. Dann bleibt es zwischen diesen Partnern kalt, obwohl die Personen für sich genommen »heiß« sind. Denn deren Beziehung gibt das einfach nicht her. Leidenschaft ist nicht beliebig austauschbar und mit jedem möglich, und man kann sich nicht einmal ansatzweise aussuchen, durch welchen Menschen sie entfacht wird und wie lange sie mit ihm brennen wird. Es gibt zwar sexuelle Anziehung hin zu bestimmten Typen, ein bewusster Einfluss auf diese Richtung des Begehrens und seine Dauer ist jedoch nicht möglich.

Leidenschaft befindet sich so gesehen im Besitz der Beziehung, und daher können die Partner weder einzeln noch gemeinsam darüber verfügen. Es liegt ganz einfach nicht in ihren Händen und nicht in ihrer Macht zu bestimmen, wie lange und wie intensiv Sexualität in ihrer Beziehung vorkommt und auch nicht, ob und wie wichtig Sexualität für ihre Beziehung überhaupt ist.

In der Sichtweise der Beziehung als eigenständigem Wesen können die Partner ebenso wenig bestimmen, ob ihre Beziehung zur Sexualpartnerschaft oder zur Lebenspartnerschaft taugt oder welche Verbindung diese beiden Partnerschaftsformen miteinander eingehen. Schließlich liegt es auch nicht in den Händen der Partner, gemeinsame Lebensentwürfe und Träume zu »gestalten« oder gemeinsame Freizeitinteressen zu »erarbeiten«. Lebensentwürfe hat man, man kann sie nicht *ma-*

chen. Träume hat man, man kann sie nicht *gestalten*. Sonst könnte man ja eine Beziehung mit jedem Mann und jeder Frau beginnen und dann entsprechend gemeinsamer Vorstellungen partnerschaftlich und, um die Paarbindung zu sichern, auch sexuell ausformen. Allerdings wird es nicht mehr lange dauern, bis auch hierzu Anleitungen auf den Ratgebermarkt kommen werden.

Der Denkansatz, bei dem Sexualität zur Beziehung gehört und somit den Partnern nicht zur freien Verfügung steht, ist überaus interessant, jedoch wird er vielen Therapeuten nicht unbedingt recht sein. Denn dann ließe sich nicht allzu viel an der Beziehung »arbeiten«, und es würde sich nur versuchsweise lohnen, um die Sexualität zu »kämpfen«. Es sei denn, die Therapeuten könnten versprechen, auf das Unbewusste beider Partner und auf diesem Wege auf die daraus entstandene Beziehung einzuwirken, um diese auf die Wünsche der Partner auszurichten.

Unter Anerkennung aller therapeutischen Kunst kann ein solches Vorhaben nicht gelingen, aber die Experten rücken trotzdem nicht von ihren Machbarkeitsversprechungen ab. Viele behaupten ja auch munter und von Beobachtungen unbeeindruckt, in einer Lebenspartnerschaft vertiefe sich mit ihrer Dauer auch die Vertrautheit. Dabei sprechen viele Partner nach ihrer Scheidung vom Gegenteil, davon, dass ihre Beziehung eingeschlafen sei, aus Gewohnheit bestanden hätte oder einfach zu Ende gewesen sei. Wenn Langzeitbeziehungen automatisch zu mehr Tiefe und Verbundenheit führen würden, wie sind dann hunderttausende Scheidungen zu erklären, die Ehepartner gerade im Alter zwischen vierzig und fünfzig aussprechen, nachdem sie oft zwanzig oder mehr Jahre zusammenlebten?

Kann die Dauer einer Beziehung nicht ebenso zu ihrer Verflachung statt ihrer Vertiefung führen? Treten im Laufe der Jahre neben der willkommenen Wesensergänzung nicht auch viele individuelle Unterschiede, unterschiedliche Lebensstile und Lebensentwürfe, deutlicher zu Tage? Kann nicht unter Umständen das, was trennt, im Laufe der Zeit mächtiger werden als das, was verbindet? Manchmal gehen Partner selbst dann getrennte Wege, wenn sie einander noch lieben, etwa dann, wenn sie unterschiedliche berufliche Ziele oder Lebensentwürfe verfolgen. *Love sometimes ain't enough* ist der Titel eines Popsongs, der diese Wahrheit ausdrückt. Liebe reicht manchmal nicht aus.

Wer an die quasi automatische Vertiefung der Langzeitbeziehung glaubt, kommt nicht umhin, scheidungswilligen oder geschiedenen Partnern Fehler oder Versagen vorzuhalten. Er übersieht, dass sich die partnerschaftlichen Verhältnisse grundlegend verändert haben.

Die leidenschaftliche Liebe kennt keine Dauer; die eheliche Liebe, die man ihr angeglichen hat, ist auch nicht mehr von Dauer. Die Scheidung kann daher nicht als das Mittel gelten, mit dem man einen Irrtum korrigiert; sie bezeichnet das reguläre Ende eines Gefühls.[66]

Es gibt heute viele gute Gründe, auseinander zu gehen, und kaum noch zwingende Gründe, dauerhaft zusammenzubleiben. Dauer an sich ist kein Kriterium mehr für die Qualität einer Beziehung. So erweisen sich sowohl die automatische Vertiefung der Beziehung als auch die Intensivierung der Leidenschaft durch Dauer als Konstrukte von Experten und damit als Liebeslügen.

Um der Wahrheit willen sollten Psychologen nicht von Paradoxen wie »lustvoller Geborgenheit« oder »leidenschaftlicher Vertrautheit« oder ähnlichen Erfindungen sprechen. Ehrlicher wäre es, den Kompromiss beim Namen zu nennen und den Partnern zu sagen: Vielleicht könnt ihr Sexualität in der Beziehung erhalten, aber die Leidenschaft wird sich daraus zurückziehen. Ihr müsst wohl oder übel Abstriche bei Qualität und Intensität hinnehmen.

So erweisen sich Experten, welche die Idee einer *gestaltbaren* Liebe und *machbaren* Beziehung verbreiten, als letzte Verteidiger bürgerlicher und romantischer Eheideale, als »moderne Gestrige«. Sie können hilfreich sein, wo auf Grund von Hemmungen noch Reserven der Leidenschaft vorhanden sind, aber sie werden von Partnern belächelt, in deren Beziehung sexuelle Hemmungen keine Rolle spielen, und sie werden zurückgewiesen von Partnern, die über Erfahrungen mit beiden Formen der Sexualität, derjenigen innerhalb und derjenigen außerhalb von Langzeitbeziehungen, verfügen.

Halten wir an dieser Stelle einmal ganz deutlich fest: Lebenspartnerschaft muss keinesfalls Sexualität enthalten. Der Rückgang von Leidenschaft bis hin zum Erliegen der Sexualität in einer Langzeitbeziehung sollte als völlig normal angesehen werden, denn Sexualität und Leidenschaft sind keine Kriterien funktionierender Lebenspartnerschaften. Die Lebenspartnerschaft braucht die Sexualität nicht, um ihren Wert zu rechtfertigen.

Der Schutz der Lebenspartnerschaft

Heutige Partner scheinen – wen wundert es auf Grund der bisherigen Schilderungen – im Umgang mit Partnerschaft und Sexualität recht desorientiert zu sein. Einerseits suchen sie langfristige und verlässliche Beziehungen, andererseits möchten sie auf Sexualität darin nicht verzichten. Zwar wissen sie um die Widersprüche von Dauer und Begehren, aber sie möchten eigentlich nichts davon wissen. Deshalb bestehen sie auf der Leidenschaft. So laden sie gerade die Kräfte in die Beziehung ein, welche diese auf Dauer entwerten oder zerstören werden. Indem sie auf Leidenschaft bestehen, bedrohen sie die Lebenspartnerschaft. Und tatsächlich führt die Bedingung einer »Sexualität auf Dauer« sehr oft zum Ende einer Beziehung.

In dieser Entwicklung spiegelt sich auf Paarebene ein interessantes, gesellschaftliches und geschichtliches Phänomen, das Herrad Schenk in ihrem empfehlenswerten Buch »Freie Liebe – wilde Ehe«[67] ausführlich beschreibt. Sie stellt fest: Im gleichen Maß, in dem Gefühle und Sexualität für die Partnerwahl und für den Bestand der Ehe ausschlaggebend wurden, nahm die Bedeutung der Ehe ab und tut dies bis heute. *Die Liebe zerstört die Ehe.*

Seit Partner einander leidenschaftlich lieben sollen, wechseln die Menschen von Partner zu Partner. Sie verlassen die Langzeitbeziehung und folgen dem Ruf der Leidenschaft. Dieser Prozess vollzieht sich auf gesellschaftlicher Ebene seit wenigen Jahrhunderten, und er hat die traditionelle Ehe (»bis dass der Tod uns scheidet«) mittlerweile fast aufgelöst.

Die individuelle Partnerschaft bleibt von dieser generellen Entwicklung nicht verschont. In jeder Paarbeziehung lässt sich im kleinen Maßstab der große geschichtliche Prozess der Auflösung der Lebenspartnerschaft durch die Anforderung gleichzeitiger und beständiger Sexualpartnerschaft identifizieren. Wird dieser Anspruch, die Partner sollten sich leidenschaftlich lieben, aufrecht erhalten, gerät jede Dauerbeziehung früher oder später in Gefahr. Diese Vorgänge legen eine ganz andere Deutung für den Rückgang leidenschaftlicher Energien in Langzeitbeziehungen nahe. Wäre es nicht überaus sinnvoll, wenn Partner intuitiv einen Riegel vor die Tür der Leidenschaft schieben würden, um die Lebenspartnerschaft zu schützen und zu erhalten? Ich bin sogar versucht, dies als These anzubieten:

Durch den Rückgang oder den Ausschluss leidenschaftlicher Sexualität schützt sich die Partnerschaft auf Dauer vor Gefährdung und Untergang.

Dies wäre eine durchaus sinnvolle und entlastende Deutung des Phänomens der nachlassenden Leidenschaft. Schließlich ist die Langzeitbeziehung, wie wir beobachten können, von der ständigen Suche nach sexuellem Abenteuer und erotischem Rausch überfordert, und man darf getrost fragen, wie viel Leidenschaft eine Beziehung auf Dauer eigentlich aushält?

Eine Lebenspartnerschaft verfolgt eigene Prioritäten und Ziele. Der Lebenspartner ist Vertrauter und Freund zugleich, er will den Partner unterstützen und sucht das Beste für ihn. Er fragt Anteil nehmend: »Wie war dein Tag?« oder »Worüber machst du dir Sorgen?« Er sucht Harmonie und Vertrautheit. Ein Sexualpartner hingegen verfolgt eigene begehrliche Interessen und sucht das Beste für sich. Er sucht Spannung und Fremdheit. Diese beiden Pole des partnerschaftlichen Erlebens, Bindung und Begehren, vertragen sich aber *auf lange Sicht* nicht zufriedenstellend miteinander.

Wer also die wilde und unberechenbare Leidenschaft vor den für gleichmäßige Fahrt gebauten Wagen der Lebenspartnerschaft spannt, braucht sich nicht zu wundern, wenn die Harmonie an der Leidenschaft zerbricht.

Dauerpartnerschaften vertragen ständiges Leid nicht; und daher keine ständige Leidenschaft. Würden die mit Leidenschaft verbundenen Kämpfe, Siege und Niederlagen anhalten, wäre Vertrautheit wohl kaum möglich. Also entscheidet sich die Beziehung auf Dauer für Vertrautheit und reduziert konsequent die Bedeutung der Sexualität.

Verletzungen und Konflikte, von vielen Psychologen als Ursache sexueller Nichtleidenschaft gesehen, bieten so gesehen lediglich greifbare *Anlässe* zur Verbannung der Sexualität aus der Beziehung, nicht deren *Ursache*. Wird versucht, die angebliche Verletzung der Beziehung zu heilen und die angebliche Kommunikationsstörung aufzulösen, gefährdet eine solche Therapie die Dauerbeziehung und wirkt kontraproduktiv.

Gunter Schmidt spricht in seinem Buch »Sexuelle Verhältnisse«[68] vom tieferen Sinn sexueller Störungen. Demnach kann ein sexuelles Problem in einer »heimlichen Übereinkunft« stillschweigend von den Partnern arrangiert werden, um ihre Beziehung zu schützen. Indem der Beziehung die Gefahren der Sexualität erspart bleiben, wird sie gesichert. Schmidt stützt die angebotene These durch einen weiteren Hinweis:

Viel öfter als man denkt, suchen sich Partner nach dem geheimen Plan, dass sie sexuell nicht besonders interessant – also nicht besonders beunruhigend – füreinander sind.[69]

Die Tatsache also, dass zwei Menschen sich verstehen und lieben, bedeutet keinesfalls, dass sie sexuelle Vorlieben teilen und miteinander leidenschaftlich sein können und dass das zum Besten ihrer Partnerschaft überhaupt sein sollte.

Weitere Beobachtungen, beispielsweise der Dynamik

der Freundschaft, machen die aufgestellte These plausibel. Die meisten Menschen spüren intuitiv, dass Sexualität mit Freunden die Freundschaft gefährdet. Deshalb werden sexuelle Kontakte dann allgemein tabuisiert, wenn die Freundschaft wertvoller als ein sexuelles Abenteuer erscheint. Interessanterweise bezeichnete man, wie Philippe Ariès ausführt, in früheren Epochen mit dem Wort »Freundschaft« die Liebe zwischen Verlobten und Eheleuten[70], und auch hier spielten ja leidenschaftliche Motive keine Rolle, sondern waren unerwünscht, weil sie die Beziehung gefährdeten.

Bei männlichen Homosexuellen lässt sich eine ähnliche sexuelle Tabuisierung vertrauter Beziehung beobachten, die Michael Pollak am Übergang von sexuellen zu festen Bindungen feststellt. Sexualwissenschaftler beobachten die Entwicklungen in der Homosexuellen-Kultur aufmerksam, denn diese »bietet zugleich Vorbilder für eine sexuelle und affektive Lebensführung, die frei ist von den Zwängen stabiler und dauerhafter Beziehungen.«[71] Homosexuelle haben in mancher Hinsicht eine Vorreiterrolle übernommen. Sie müssen sich bereits in Situationen zurechtfinden, auf die Heterosexuelle sich erst, wenn auch deutlich, zubewegen.

Denn in einer Umgebung großer sexueller Möglichkeiten und Freizügigkeiten gilt es, neue Formen gefühlsmäßiger Bindung zu entwickeln. Anders ausgedrückt, stehen Homosexuelle vor dem Problem, wie sie unter Umständen, da Sexualität überall und leicht zu haben ist und erotische und leidenschaftliche Beziehungen sowohl leicht eingegangen als auch leicht wieder gelöst werden, stabile menschliche Beziehungen aufbauen können.

Eine solche Stabilisierung bedeutet häufig den Ausschluß des Sexuellen, das nun in Vertrauen und Vertraulichkeit übergeht. So entsteht ein Netz von freundschaftlichen Beziehungen, das jene affektive Sicherheit zu bieten vermag, die in der [sexuellen] Paarbeziehung kaum zu erreichen ist ... Übrigens verbietet vielfach eine Art Inzesttabu den sexuellen Kontakt innerhalb dieser ... Gruppen: »Bruder« oder »kleiner Bruder« – so werden häufig diejenigen unter den früheren Geliebten genannt, mit denen man über das gemeinsame Schicksal hinaus in engem Einvernehmen steht und die Wechselfälle der Intimität teilt.[72]

Wie man sieht, gibt es gute und gewichtige Gründe dafür, Sexualität aus einer Lebenspartnerschaft auszuschließen. Partner könnten, nähmen sie diese Sichtweise ein, in zurückgehender Leidenschaft sogar einen Erfolg sehen, im Sinne des Erhalts der Lebenspartnerschaft. Stattdessen werden Langzeitbeziehungen weiterhin sexualisiert und pathologisiert.

Sexualisierung und Pathologisierung

Fassen wir auf Grund der bisherigen Darstellung der ersten Liebeslüge die gewonnenen Erkenntnisse vorläufig zusammen.
Der Anspruch, eine Beziehung sollte dauerhaft leidenschaftlich sein, *sexualisiert* die Lebenspartnerschaft und gefährdet sie. So wie im geschichtlichen Maßstab die Ehe durch die Liebe zerstört wird, wird jede Beziehung durch diesen Anspruch dauernder Leidenschaft gestört oder sogar zerstört.
Da eine solche, im Sinne des Ideals nicht funktionierende Partnerschaft gleichzeitig zur gestörten und behandlungsbedürftigen Beziehung erklärt ist,

wird die Lebenspartnerschaft zusätzlich *pathologisiert*.

Diese Tendenzen zur Sexualisierung, die durch sie geschaffenen Probleme und die damit einhergehenden Tendenzen der Pathologisierung von Beziehungen schaffen einen idealen Nährboden, auf dem sich Theologen, Sexologen und Psychologen tummeln können. Diese Experten greifen beide Tendenzen auf und behandeln, jeder auf seine Weise, die gestörte Beziehung. Der Theologe durch göttliche Medizin, der Psychologe durch therapeutische Medizin, der Sexualwissenschaftler durch sexualtechnische Medizin.

Sollten Partner daher auf jede Form beratender oder therapeutischer Unterstützung verzichten? Ich meine nicht. Ich will mit diesem Buch aufmerksam machen gegenüber »Rezepten« und misstrauisch gegenüber »Wahrheiten«, und diese als Erscheinungsformen der Liebeslügen markieren. Es liegt jedoch nicht in meiner Absicht, die Arbeit von Theologen und Psychologen grundlegend abzulehnen. Die vielen guten Ansätze und Hilfestellungen der Ehe- und Partnerschaftsberatung können und sollen nicht geleugnet werden.

Aber nicht jedes sexuelle Problem, und schon gar nicht der Rückgang der Leidenschaft, ist auf mangelhafte Kommunikation oder angebliche Beziehungsstörungen zurückzuführen. Beziehungen lassen sich nun einmal nicht planen und auch nicht in einem erwünschten Sinne gestalten. Daher sind kirchlichen und psychologischen Beratern auch beim besten Willen deutliche Grenzen gesetzt. Was also tun?

Wer nicht Opfer überzogener Ansprüche werden will, tut gut daran, sich mit der Realität seiner Beziehung zu befassen, anstatt Idealen nachzueifern. Dann lassen sich die Fehler der Sexualisierung und Pathologisierung einer Beziehung vermeiden. Es macht nämlich wenig Sinn, aus seiner Beziehung etwas anderes machen zu wollen, als diese ist, oder etwas von ihr haben zu wollen, das sie nicht hergibt.

Die Beziehung und ihren Wert schätzen

Sexualisierung und Pathologisierung lassen sich vermeiden, wenn man – wie bereits erwähnt – eine Beziehung als quasi selbstständige Einheit betrachtet, die durch die Begegnung zweier Menschen, vor allem durch die Begegnung der unbewussten Bereiche zweier Persönlichkeiten, entsteht.
Diese Sichtweise räumt einer wie auch immer gearteten Machbarkeit nur begrenzte Chancen ein. Denn wenn schon der einzelne Mensch nicht in der Lage ist, sein Unterbewusstsein zu kontrollieren, wie sollte dann eine Kontrolle der Beziehung möglich sein, eines »Wesens«, das unvorhersehbar aus unbewussten Anteilen zweier Menschen entsteht? Wenn der einzelne Mensch nicht einmal seine Träume, seine Gefühle und seinen Körper in der Hand hat, wie sollte das Paar seine Beziehung dazu bringen, sich nach den eigenen Wünschen zu richten?
Eine gewisse Beschäftigung mit der Beziehung im Sinne des Erkennens ihrer Beschaffenheit ist insofern sinnvoll, als man recht genau feststellen kann, was einer Beziehung schadet und was ihr gut tut. Weiß man, was ihr gut tut, weiß man auch, was die Beziehung braucht. Und wenn die Partner bereit und auch in der Lage sind, der Beziehung das zu geben, was sie braucht, wird sie sich entfalten können. Eine entfaltete Beziehung ist jedoch

keinesfalls die »perfekte« oder »ideale« Beziehung. Sie ist bestenfalls das Maximum, das diese beiden Menschen miteinander erreichen können.

Bevor Partner die Möglichkeiten und Grenzen ihrer Beziehung anerkennen, versuchen sie diese zu manipulieren. Sie hoffen, dass sich Zweck und Aufgabe der Beziehung verändern lassen und vielleicht doch etwas zu *machen* ist. Oft genug folgen aus solchen Veränderungsabsichten nur Probleme und Leid.

Solch eine Veränderungsabsicht besteht beispielsweise darin, eine Beziehung einzig und allein deshalb, weil die Partner verliebt sind, in eine Lebenspartnerschaft überführen zu wollen. Dann glaubt man aus den starken Gefühlen der Verliebtheit heraus, »den Richtigen« gefunden zu haben. Aber aus welchem geheimnisvollen Grunde sollte der Sexualpartner automatisch zum Lebenspartner taugen? Weil er gut im Bett ist, weil er zärtlich ist und leidenschaftlich, deshalb soll er auch verantwortungsvoll und verantwortungsbereit sein? Weil die Leidenschaft groß ist, soll er geeignet sein, ein halbes oder ganzes Leben mit ihm zu verbringen?

Ich erinnere mich an ein Paar, das mehrere Jahre lang eine von beiden Partnern außerordentlich geschätzte leidenschaftliche Beziehung führte. Ihre übrigen Lebensbereiche hielten die Partner getrennt voneinander, was ihrer Leidenschaft zugute kam. Schließlich sollte aus praktischen Gründen, weil dann nur noch eine Miete fällig wäre und die Tochter der Frau einen neuen Vater hätte, eine Lebenspartnerschaft *gemacht* werden. Der Versuch schlug fehl und führte zu unkontrollierbarem Streit. Die Beziehung wollte sich nicht ändern lassen, auch wenn es vernünftig und praktisch gewesen wäre.

Den Veränderungsprozess einer Lebenspartnerschaft aufhalten oder umkehren zu wollen, etwa indem die Leidenschaft der Anfangsjahre wieder belebt werden soll, stellt ebenfalls den Versuch der Beziehungsmanipulation dar. Doch den Zweck einer Partnerschaft verändern zu wollen bedeutet, sich gegen die unbewusst entstandene Bindung zu wenden. Das wird in den meisten Fällen fehlschlagen, weil der Wille gegen das Unterbewusste wenig ausrichten kann.

Feststellen, was miteinander *da ist* und staunend beobachten, was miteinander *entsteht* oder entgegen aller Absicht *vergeht* – das erscheint sinnvoll und das können und sollten Partner tun. Wenn die Partner darüber hinaus das, was sie verbindet, schätzen können, kann die Beziehung Dauer haben, ganz unabhängig davon, ob Sexualität ein Bestandteil der Beziehung war, ist oder bleibt.

Zwei Menschen werden wahrscheinlich niemals *völlig* mit ihrer Beziehung übereinstimmen. Etwas wird dem einen, etwas anderes dem anderen Partner darin fehlen oder daran missfallen. Bleibt die Beziehung jedoch von überzogenen Erwartungen, von Sexualisierung und Pathologisierung verschont, kann sie auf jeden Fall *gut* sein. Wertvoll. Erhaltenswert. Aber niemals *perfekt*.

Wahrheiten über Sexualität und Partnerschaft

Um jedes Missverständnis auszuschließen, möchte ich es nochmals betonen: Zwischen Lebenspartnerschaft und Sexualpartnerschaft zu unterscheiden bedeutet nicht, dass beide Beziehungsformen getrennt voneinander vorkommen *müssen*. Sie können, über kurze oder auch längere Zeiträume, durchaus gleichzeitig bestehen.

Der Lebenspartner kann gleichzeitig Sexualpartner sein. Ob und wie lange beide Beziehungsformen in einer Partnerschaft erhalten bleiben, lässt sich, will man eine Lehre aus Geschichte und Gegenwart ziehen, ganz offenbar weder planen noch festlegen. Und daher ergibt weder die Idealisierung noch die damit zusammenhängende Sexualisierung und Pathologisierung der Partnerschaft einen Sinn.

Der Lebenspartner muss keinesfalls zugleich Sexualpartner sein. Eine Lebenspartnerschaft ohne Sexualität ist deshalb nicht weniger wert. Und Partner, die keinen Sex mehr miteinander haben, brauchen sich deshalb nicht in Zweifel und Vorwürfe zu stürzen. Sie sollten sich nicht länger fragen, ob ihre Beziehung denn überhaupt eine »richtige« Beziehung sei oder sich mit Trennungsabsichten auf Grund einer angeblich gestörten Beziehung quälen. Mit anderen Worten: Es ist völlig in Ordnung, wenn Partner in ihrer Dauerbeziehung wenig oder auch gar keinen Sex haben.

An dieser Stelle werden etliche Therapeuten und Berater zustimmend nicken, andere werden widersprechen, aber ich vernehme deutlich heftige Einsprüche verunsicherter und empörter Paare: »Wenn wir das Schwinden der Leidenschaft aus unserer Beziehung akzeptieren, wie sollen wir dann Sexualität erleben?«

Diesem Punkt werde ich mich im Kapitel *Leben im Widerspruch* zuwenden.

Lüge Nr. 2: Die Liebeslüge

Kommen wir nun zur zweiten Liebeslüge. Diese zweite Lüge behauptet: *Liebe und Sexualität sind untrennbar miteinander verbunden.*

Die Konsequenzen dieser Aussage lauten: Wer sich liebt, muss sich auch begehren. Wer den Partner nicht begehrt, liebt ihn nicht. Er liebt ihn nicht wirklich, nicht richtig, nicht wahrlich.

Der Begriff der Liebe wird dabei in einer ganz bestimmten Bedeutung gebraucht, nämlich als verpflichtende, partnerschaftliche und sorgende Liebe. Nur diese, in eine Lebenspartnerschaft eingebettete, umfassende Liebe soll nach Meinung vieler Experten als »wahre« oder »echte« oder »reife« Liebe gelten.

Im Kapitel *Die Partnerschaftslüge* wurde die Einverleibung der Sexualität in die Lebenspartnerschaft beschrieben. Dem modernen Beziehungsideal gelang es aber, nicht nur die Sexualität für sich zu beanspruchen, sondern darüber hinaus auch, die Liebe für sich zu reservieren. Seither gibt es im Bewusstsein der Öffentlichkeit und der meisten Paare nur noch diese »eine Liebe«. Der Hamburger Sexualforscher Gunter Schmidt schreibt:

Mittlerweile hat sich die Vorstellung durchgesetzt, dass Sexualität und Liebe zusammengehören, das heißt ... die Auffassung, dass Sexualität besonders intensiv und erfüllend ist, wenn sie in Liebe geschieht, und dass Liebe sexuellen Ausdruck braucht, um sich verwirklichen zu können.[73]

Folgt man diesem Ideal, ist schwindende Sexualität grundsätzlich auf den Rückgang der Liebe in Partnerschaften zurückzuführen. Dann gilt: Wer sich liebt, hat Sex, und wer keinen Sex mehr hat, der liebt sich nicht mehr.

Der Sexualmediziner Hartmut Bosinski[74] antwortet unter der Überschrift »Wieviel Sex braucht die Liebe?« in einem Zeitungsinterview auf die Frage »Also ohne Sex keine Liebe?« folgendermaßen: »Sicher. Denn neben der Funktion der Fortpflanzung und Lustbefriedigung ist Sex die engste Form der Kommunikation zweier Menschen. Es gibt keinen gleichwertigen Weg, einer Person so nahe zu kommen ... Das Baby, das nicht im Arm der Mutter liegt, verkümmert. Ähnlich geht es Erwachsenen, die diese Bindungssehnsucht nicht befriedigen können.«[75]

Bosinski vertritt in diesem Interview viele vernünftige Standpunkte, beispielsweise solle man sich zum Sex nicht zwingen. Und trotzdem: Ohne Sex keine Liebe? Dann lieben sich Millionen Paare nicht oder nicht genug. Erwachsene verkümmern ohne die körperliche Nähe durch Geschlechtsverkehr? Dabei gibt es ganz andere Formen der Nähe, etwa die zur Natur, zu Gott oder zu sich selbst. Wieder einmal wird etwas, das auf manche Paare zutreffen kann, verallgemeinert und damit zur Liebeslüge.

Liebe frei von Bindung und Verpflichtung, Begehren frei vom Wunsch nach partnerschaftlicher Beziehung, Leidenschaft außerhalb der Lebenspartnerschaft, Lebenspartnerschaft frei von Sexualität – alles, was nicht zum Ideal der »einen Liebe« passt, gilt in Folge der zweiten Liebeslüge als egoistisch oder unreif und wird auf die eine oder andere Weise abgewertet. Was immer es ist, auf jeden Fall ist es keine »Liebe«.

Um die zweite Liebeslüge zu entflechten, scheint es mir nötig, die beiden Begriffe Liebe und Sexualität in ihren vergangenen und gegenwärtigen Bedeutungen zu betrachten. Was wurde und wird unter Liebe und Sexualität verstanden? Welche Erscheinungsformen der Liebe und welche Dimensionen in der Sexualität gibt es? Beginnen wir zunächst mit der Liebe, um später die Sexualität zu betrachten.

Gibt es die »eine« Liebe?

Die folgende Sammlung von Kurzdefinitionen der Liebe zeigt, wie unterschiedlich die Liebe zu verschiedenen Zeiten und aus verschiedenen Perspektiven heraus aufgefasst wurde und wird.

Der römische Dichter **Properz** lobt die leidenschaftliche Liebe: »Ach wie liebe ich diese von allen Schranken Freie, die mit halboffenem Gewand einherschreitet ... und nicht zimperlich allerhand Umstände macht, wenn jemand ihr winkt.«[76]

Der Apostel **Paulus** definiert Liebe: »Die Liebe ist langmütig, gütig ist die Liebe, die Liebe ist nicht eifersüchtig, sie prahlt nicht, sie ist nicht aufgeblasen ... sie sucht nicht den eigenen Vorteil, sie läßt sich nicht erbittern, sie trägt nicht nach ... Alles deckt sie zu, alles glaubt sie, alles hofft sie, alles erträgt sie.«[77]

Bei den **Römern** finden wir eine von den Schranken der Geschlechtsbindung befreite, sexuelle und erotische Liebe: »Und Cicero hat die Küsse besungen, die er von den Lippen seines Sklavensekretärs raubte. Jeder entschied sich nach seinem Geschmack für die Frauen, die Knaben oder die einen wie die anderen.«[78]

Der mittelalterliche Kirchenvater **Hieronymus** unterscheidet zwei Arten der Liebe: »Ehebrecherisch ist auch die allzu brennende Liebe für die eigene Frau. Die Liebe zur Frau eines anderen ist immer schändlich, zur eigenen Frau ist es die übermäßige Liebe. Ein vernünftiger Mann soll seine Frau mit Besonnenheit lieben und nicht mit Leidenschaft ... Nichts ist schändlicher, als seine eigene Frau wie eine Mätresse zu lieben.«[79]

Für Hieronymus gibt es brennende und besonnene Liebe, doch beides ist Liebe. Warum aber ist nichts schändlicher, als seine eigene Frau wie eine Mätresse zu lieben? Weil, und das wusste schon Hieronymus, die leidenschaftliche Liebe die Ehe zerstört.

Der aus gleicher Zeit stammende Theologe **Benedicti** denkt ähnlich und versucht ebenfalls, die Ehe vor der leidenschaftlichen Liebe zu schützen: »Der Mann, der sich von übermäßiger Liebe hinreißen läßt und seine Frau so leidenschaftlich bestürmt, um seine Begierde zu befriedigen, als wäre sie gar nicht seine Frau und er wollte dennoch Verkehr mit ihr haben, der sündigt.«[80]

Der Theologe Theodor **Bovet** hält ein flammendes Plädoyer für die eheliche Liebe: »Mild und feurig, heilig und leidenschaftlich, zärtlich und geheimnisvoll, demütig und königlich, todernst und lebensfreudig, himmelweit und erdenduftig, so ist die eheliche Liebe.«[81] Und der Theologe **Melchior** verdammt ergänzend dazu die rein sexuelle Liebe: »Gott ist Liebe ... Wen wundert es, dass der Widersacher Gottes diesen Schatz in die Entartung zerrt? So finden wir eine große Unterschiedlichkeit, eine lange Skala an Reinheits- oder Schmutzgraden bei der Liebe und bei der so genannten ›Liebe‹ vor.«[82]

Der moderne Psychologe Robert A. **Johnson** meint: »Die Liebe ist jene Kraft in uns, die einen anderen Menschen als das, was er ist, bestätigt und schätzt.«[83]

Der Schriftsteller Botho **Strauß** ist dagegen überzeugt: »Denn die Liebe ist nichts ohne Pflicht, ohne Opfermut, ohne frühere Bindung ans Dasein. Sie ist nichts ohne Beruf, ohne gemeinsame Sicht der Dinge, die öffnet und birgt.«[84] Hier ist Liebe also an eine Reihe von Bedingungen geknüpft.

Moderne **theologische** Standpunkte lassen sich wie folgt zusammenfassen. Es gibt drei Formen der Liebe: den Sexus als fleischliche, den Eros als menschliche und die Agape als göttliche Liebe. Die jeweils niedere Form der Liebe bedarf zu ihrer Veredlung der nächsthöheren; und nur wenn alle zusammenkommen, ist wahre Liebe erreicht.

Die heute verbreitete **romantische** Vorstellung der Liebe meint, wahre Liebe entstehe in der Begegnung mit dem wahren Partner und sei zugleich sinnlich, seelisch, leidenschaftlich und freundschaftlich.

Der Begriff Liebe wird also auf unterschiedlichste Weise gebraucht, als leidenschaftliche, romantische, sexuelle, sinnliche, dauerhafte, egoistische, altruistische, abhängige, unabhängige, freundschaftliche Liebe, als Gottesliebe, Gattenliebe, Kindesliebe, Tierliebe, freie Liebe, wilde Liebe, harmonische Liebe und als Liebe in und außerhalb der Ehe. Natürlich spricht jeder Nutzer des Begriffs von seiner Auffassung als einzig wahrer Liebe. Doch so etwas wie »wahre Liebe« gab es nie. Liebe war immer vieldeutig.

Heutzutage übersehen wir gern ein Phänomen, das in der Geschichte der Sexualität bis ins 18. Jahrhundert hinein stets von allergrößter Bedeutung war (...): den Unterschied nämlich, den die Menschen in nahezu allen Zeiten (außer der unseren) zwischen der Liebe in der Ehe und der Liebe außerhalb der Ehe gesehen haben.[85]

Es kann daher nur Experten einfallen, angesichts dieser Fakten Definitionen »wahrer« oder »echter« Liebe zu entwerfen. Stets in der Absicht, den Begriff zu funktionalisieren und für die eigenen theologischen, moralischen, psychologischen oder therapeutischen Absichten zu nutzen.

Erscheinungen der Liebe

Definitionen und Beschreibungen der Liebe werden offensichtlich auf ein Ziel hin getroffen, und damit wird der Begriff auf die jeweilige Ideologie hin entstellt. Solche Zweckdefinitionen sind in der Lage, Partner zutiefst zu verunsichern. Da taucht alsbald die Frage auf, was denn Liebe nun »wirklich« ist, welches ihre treffendste Definition darstellt und natürlich, durch welches Verhalten sie entsteht oder gesichert werden kann.

Nun, an einer Definition des Zustandes Liebe kann man sich offenbar die Zähne ausbeißen, zumal dieser Begriff im Laufe der Geschichte einem steten Bedeutungswandel unterworfen war. Deshalb interessiert mich recht wenig, was Liebe angeblich ist, nicht ist, sein sollte oder auf keinen Fall sein kann. Wichtiger scheint mir, wie Menschen diesen Zustand erleben und beschreiben. Worauf beziehen sich Menschen wenn sie lieben?

»Ich liebe meine Kinder – Ich liebe meinen Mann – Ich liebe meinen Hund – Ich liebe meine Arbeit – Ich liebe das Leben – Ich liebe Gott – Ich liebe die Natur – Ich liebe mein Hobby ...« Liebe beschreibt eine besondere, herzliche und damit gefühlsmäßige Verbundenheit zu etwas anderem, zu etwas außerhalb des Ich. Der Zustand Liebe bedeutet: *Ich bin nicht allein, ich bin verbunden.* Das Herz braucht und sucht Verbundenheit, und man kann den Drang zu *lieben* getrost als eines der grundlegendsten menschlichen Bedürfnisse betrachten. Aufgabe der Liebe ist es also, Verbindungen zu schaffen, in welchen sich ein Mensch aufgehoben, angenommen, vereint oder positiv und angstfrei erleben kann. Solche Verbindungen mögen sich auf Menschen, Tiere, die Natur, die Existenz, das Leben oder Gott beziehen. In jedem Fall aber sind sie herzlich, warm, freundlich, zugewandt und respektvoll.

Der Mensch kann vieles und viele lieben. Er kann mit mehreren Menschen auf herzliche Weise verbunden sein, beispielsweise mit der Familie, den eigenen Kindern, mit Freunden, mit seinem Partner oder gar mit mehreren Partnern. Daher kommt es nicht darauf an, ob man »richtig«, »wirklich« oder »reif« liebt, als darauf, *auf welche Art und Weise* man liebt. Beispielsweise … wie ein Vater, wie eine Mutter, wie ein Freund, wie ein Geliebter, wie ein Sexualpartner, wie ein Lebenspartner.

Da sie in verschiedenen Erscheinungen daherkommt, ist Liebe auch nicht an Zeit und Dauer gebunden. Sicherlich mag Dauer ein Kriterium partnerschaftlicher Liebe sein, aber die leidenschaftliche Liebe verlangt sie nicht. Und sicher hat Liebe manchmal damit zu tun, Verantwortung zu übernehmen. Gerade die Liebe zum Lebenspartner oder zu Kindern wird danach verlangen. Die Liebe zum Geliebten jedoch wird diese Verantwortung nicht ertragen, sie braucht die Gefahr und sucht das Chaos.

Wer also argumentiert, Liebe zeige sich in der Bereitschaft, Verantwortung zu übernehmen, hat durchaus Recht, was die partnerschaftliche Liebe betrifft. Und wer behauptet, Liebe frage nicht nach dem Morgen, sie sei frei von Zukunft und Vergangenheit, der hat ebenfalls Recht, was die leidenschaftliche Liebe betrifft.

Eine starre Definition der Liebe, die über den Begriff der »herzlichen Verbundenheit« hinausgeht und Liebe an bestimmten Kriterien und Merkmalen festmacht, verdinglicht den Vorgang des Liebens in »die Liebe«. Eine derart festgelegte Liebe wird zum Ding, und der Eindruck entsteht, als könne sie durch bestimmte Verhaltensweisen erzeugt werden, beispielsweise durch partnerschaftliche Treue. Zwar mag Liebe oft zur Treue führen, aber deshalb führt Treue noch lange nicht zur Liebe.

Liebe lässt sich weder machen noch erzwingen noch auf vorgegebene Objekte richten. Und weil die Menschen seit jeher Sexualität und Leidenschaft als Formen der Liebe begriffen, gelang es niemals, diese Kräfte in der Ehe zu kanalisieren. Im Gegenteil, die Ehe ist an diesem Versuch, sexuelle Liebe zu funktionalisieren, zerbrochen.

Jede Reservierung des Begriffes Liebe für eine ihrer Erscheinungsformen ist abzulehnen, weil sie immer nur eine Möglichkeit zu lieben beschreibt. Die Vorstellung einer umfassenden, alle Liebesaspekte umfassenden »einen Liebe« zwischen Partnern ist unsinnig und verursacht unnötiges Leid.

Manchem Leser mag es unnötig erscheinen, das Vorhandensein verschiedener Ausdrucksformen der Liebe zu betonen. Der Begriff wird jedoch so undifferenziert gebraucht, dass eine Differenzierung dringend notwendig erscheint, denn gerade in ihrer Beziehung sind die wenigsten Partner in der Lage, die verschiedenen Formen zu unterscheiden.

Wie sonst als mit der Fähigkeit zur Unterscheidung der Liebesformen sollte beispielsweise eine Frau, die fremdging, ihrem Mann auf den pauschalen Vorwurf, sie liebe ihn nicht mehr, antworten können: »Doch, ich liebe dich noch. Aber nicht mehr als Sexualpartner. Ich liebe dich als Lebenspartner.«

Gleiches gilt entgegen gängiger Expertenmeinung für Langzeitpartner, aus deren Beziehung Sexualität verschwunden ist. Sie können trotzdem mit Fug und Recht die Liebe für sich beanspruchen, zwar nicht die heiße Liebe der Leidenschaft, aber die vertraute, stetige und überaus wertvolle Liebe zweier Lebensbegleiter.

Wenn Partner hier nicht differenzieren, werten sie ihre Lebenspartnerschaft leichtfertig ab oder lassen zu, dass diese von so genannten Experten der Liebe diffamiert wird. Denn Kriterium der allumfassenden Liebe ist natürlich auch die sexuelle Treue. Aus christlicher Sicht ist die Treue sogar Voraussetzung für erotische Liebe. Und so kann beispielsweise, wer einmal untreu war, sich nicht mehr auf die Liebe berufen, denn er hat seine Unfähigkeit zu reifer, echter, wahrer Liebe unter Beweis gestellt. Er ist dann eben »liebesunfähig« oder gar »beziehungsunfähig«.

Doch trösten wir uns. Lässt man nur die »eine Liebe« gelten, und zählt man die Untreuen, die in Trennung lebenden, die Geschiedenen, die Singles, die Wiederverheirateten und andere an der Liebe gescheiterten »Versager« zusammen, so muss man 90 oder gar 99 Prozent der Bevölkerung die Erfahrung jener sagenumwobenen »wahren« Liebe und damit jede Reife absprechen.

Betrachtungen der Sexualität

An die Frage, was Liebe ist, schließt sich im Rahmen der zweiten Liebeslüge unmittelbar die Frage an, was Sexualität ist. Nun, dies ist eine ähnlich schwierige Frage. Betrachten wir deshalb einige historische und gegenwärtige Bemerkungen und Beschreibungen zum Thema Sexualität.

In der **Theologie** findet man die Sexualität kaum beschrieben. Es gibt sie quasi nicht als solche, und wenn, dann nur als biologische Funktion oder als Teil von etwas Höherem. Für sich und unabhängig vom liebenden Partner ist sie unnatürlich, also beispielsweise in Form von Onanie, Begierde und als Lust um ihrer selbst willen. Theodor Bovet sagt, der Sexus »gehört in ein Ganzes hinein und wirkt widernatürlich, wenn er für sich allein erregt und ausgelebt wird.«[86] Noch weiter geht ein anderer Theologe, indem er meint: »Die unsterblichen Seelen dürfen nicht dem Triebleben geopfert werden. Wir sind nicht auf Erden, um uns hier auszuleben, sondern um uns den Himmel durch Opfer und Kampf zu verdienen.«[87] An dieser lustfeindlichen Haltung der Kirche hat sich auch im Jahr 2000 nichts geändert: »Sex als Selbstzweck führt zu Sucht, zu Krankheiten, zu Tod.«[88]

Eine **wissenschaftliche** Definition liefert der Sexualforscher Volkmar Sigusch: »Sexualität ist eine gesellschaftliche Kategorie. Menschensexualität schlechthin, ›reine‹ Sexualität ist reine Gedankenschöpfung.«[89] Ein anderer Sexualforscher, Martin Dannecker, hebt psychische Aspekte der Sexualität hervor: »Sexualität ist ein innerer Anspruch, dem wir uns nicht entziehen können.«[90] Dies zielt auf triebhafte und emotionale Anteile der Sexualität und bedeutet, dass Sexualität nicht zu beherrschen ist.

Alex Comfort liefert eine **philosophische** Betrachtung zum Thema: »Wir brauchen eine Geisteshaltung, die in der Sexualität kein ›Problem‹, sondern ein ›Vergnügen‹ sieht. Den meisten Leuten fehlt dazu die Sicherheit – und oft auch die Liebe.«[91]

Dimensionen der Sexualität

Eindeutige Beschreibungen der Sexualität sind so wenig möglich wie eindeutige Beschreibungen der Liebe und erscheinen mir ob der Komplexität des Phänomens auch nicht sinnvoll. Daher möchte ich das Thema Sexualität auf ähnliche Weise erschließen wie das Thema Liebe, durch die Frage »Was soll Sexualität für die Menschen tun?« Diese Fragestellung führt zu drei grundlegenden Aspekten menschlicher Sexualität, die ich nun näher beschreiben möchte: den triebhaften, den transpersonalen und den psychischen Aspekten.

Triebhafte Aspekte der Sexualität

Eine verbreitet Annahme betrachtet Sexualität als Ausdruck eines Fortpflanzungstriebes. Der Sexualtrieb sei biologischer Natur und habe die Aufgabe, den Bestand der menschlichen Art sicherzustellen.

Nun, wenn die Natur nur die Fortpflanzung im Sinn hätte, würden wir lediglich zyklisch, etwa alle neun Monate, Lust verspüren und wären die restliche Zeit vom Trieb und somit von allerlei Qualen befreit. Das ist aber nicht so. Sein Trieb treibt den Menschen auch und gerade unabhängig von Zeugungsaufgaben, und stets haben Menschen nach Wegen gesucht, die Zeugung zu vermeiden, ohne der Lust entsagen zu müssen, und das lange bevor Gottes Vertreter ihnen darlegten, solches sei wider die menschliche Natur.

Da das menschliche Sexualverhalten einer Theorie des Fortpflanzungstriebs nicht gerecht wird, scheint es sinnvoller, von einem angeborenen Lusttrieb auszugehen, der sich in sexueller Aktivität verwirklicht. Der clevere Schachzug der Natur bestände lediglich darin, zur Zeugungssicherung sowohl Ejakulation als auch Penetration ebenfalls mit Lustempfinden zu verbinden.

Die Annahme eines Lusttriebs geht allerdings über die Idee des Sexualtriebs hinaus. Denn der Lusttrieb legt den Menschen nicht auf die Art und Weise fest, in welcher er Lust erlebt. So wäre Sexualität nur eine, wenn auch die lustvollste aller Möglichkeit, dem Lusttrieb gerecht zu werden.

Heterosexuelle Sexualität ist im Licht des Lusttriebes ebenfalls nicht »natürlich«, sondern lediglich eine sexuelle Option. Dies wird in den sexuellen Gewohnheiten antiker Kulturen, etwa der Griechen und Römer, deutlich, wo Sexualität nicht geschlechtlich differenziert wurde und von einer Bindung der Sexualität an eheliche Institutionen überhaupt keine Rede sein konnte. Lust wurde mit Männern, Frauen, Knaben, Hetären und Kurtisanen erlebt. Wohin sich das Begehren wandte, das wurde im Grund akzeptiert.

So etwas wie eine natürliche, auf biologische Aufgaben beschränkte oder auf das Geschlechtsverhältnis zwischen Männern und Frauen abgestimmte Sexualität gibt es also nicht. Es ist allein die Gesellschaft, die entscheidet, welche Wege dem Lusttrieb offen stehen und welche Möglichkeiten einem wie auch immer gerechtfertigten Tabu geopfert werden. Was als pervers galt und gilt richtet sich nach den Bedingungen des Überlebens, der Ökonomie, der Ideologie, der Religion und den auf diese Grundnotwendigkeiten abgestimmten moralischen Ansichten und rechtlichen Bestimmungen.

Es ist die Gesellschaft, die das Begehren kanalisiert. Das Begehren selbst verfügt über keine feste Form und passt sich dem Wandel gesellschaftlicher Bedingungen an. Deshalb lautet der Titel des hier öfter zitierten Sammelbandes zur Sexualität »Die Masken des Begehrens«[92]. Würde man seinen jeweiligen Erscheinungsformen die Maske abreißen, käme darunter weder »reines« Begehren noch »natürliche« Sexualität zum Vorschein.

Würde man dem Begehren die Maske homosexueller Liebe und auch heterosexueller Liebe abnehmen, würde es eine Maske sodomischer Liebe aufsetzen und sich beispielsweise auf Tiere ausrichten. Dieser Gedanke liegt gar nicht so fern, denn immerhin gaben in Kinseys spektakulärem Sexualreport 17 Prozent amerikanischer Farmersöhne zu, sexuelle Kontakte mit Tieren gehabt zu haben.

Verschließt man dem Begehren einfache Wege, setzt es sich auf Umwegen durch. Die Kirchengeschichte ist voll von neurotischen Entartungen, von lustvoller Selbstgeißelung der Mönche, von Nonnen, die gierig und selig das Waschwasser Aussätziger trinken, Fäkalien auflecken, Läuse und Dreck kauen, von leidenschaftlichen Folterungen und anderen kaum vorstellbaren Perversionen zur Ehre Gottes. Wer hierzu Näheres lesen will, sei an Karlheinz Deschners Buch »Das Kreuz mit der Kirche«[93] verwiesen.

Die Geschichte zeigt, dass Begehren und sexuelle Lust nicht zu beherrschen sind, jedenfalls nicht folgenlos. Neben den gesellschaftlichen gibt es auch individuelle Dimensionen der Leidenschaft, denn innerhalb des jeweiligen gesellschaftlichen Rahmens verbleibt ein gewisser Spielraum zur Ausbildung eines individuellen Begehrens.

Die individuelle »Struktur des Begehrens« (Dannecker) entsteht, wenn sich innerer Trieb und äußere Objekte zum ersten Mal verknüpfen, also in frühen Lebenserfahrungen. Ist sie einmal entstanden, folgt die Sexualität des Menschen im späteren Leben dieser Vorlage wie einem inneren Drehbuch.

Was der Einzelne begehrt, seine sexuellen Wünsche, seine Leidenschaften, ist also in seiner Individualgeschichte festgelegt. Ist das Drehbuch seines Begehrens einmal verfasst, folgt er dessen Anleitungen und hat es daher nicht in der Hand, was ihn erregt und was ihm Befriedigung verspricht. Ob ein begehrenswerter Sexualpartner dick oder dünn ist, wie er riechen soll, wie er aussehen und wie er sich verhalten soll, das alles kann nicht willkürlich bestimmt werden. Deshalb greift der Mensch nicht nach dem Begehren, vielmehr ergreift das Begehren ihn, sobald es durch einen inneren oder äußeren Auslöser wachgerufen wird. Man fühlt, sieht, riecht, denkt oder hört etwas, das Begehren wacht auf und macht sich begehrlich, be*gierig* auf die Suche, den Hunger nach Lust zu befriedigen.

Die triebhaften Aspekte der Sexualität, die Annahme eines Lusttriebes und seiner Ausformung in einer individuellen Begehrensstruktur, geben eine weitere Erklärung für die Schwierigkeit, Sexualität auf Dauer in der Partnerschaft zur Verfügung zu haben. Weil das Begehren individuell strukturiert ist, gehört es nicht der gemeinsamen Beziehung, sondern dem einzelnen Partner. Wie gut die Begehrensstrukturen beider Partner auf Dauer zueinander passen, muss sich jedoch erst zeigen.

Die Tatsache, dass es einer christlich dominierten Kultur gelang, Sexualität zumindest vom Anspruch her der Ehe zuzuordnen und sie zum Ausdruck partnerschaftlicher Liebe zu erklären, hat an diesen Abläufen nichts geändert. Denn heute, da der moralische und gesetzliche Rahmen eine drastische Erweiterung erfährt, weitet sich auch der Begehrensspielraum wieder aus und verlässt erneut, wie schon in den antiken Kulturen, die engen Schranken der Paarbeziehung.

Vielmehr scheint Sexualität oft aus der Beziehung ausgelagert zu werden: weniger in erotische Außenbeziehungen, das war eher Stil der siebziger Jahre, sondern zum Beispiel in die Masturbation. Selbstbefriedigung und Partnersexualität existieren heute friedlich nebeneinander ... Diese Tendenz ist auch bei solchen Männern und Frauen zu beobachten, die Beziehung und gemeinsame Sexualität als befriedigend erleben. Für sie ist die Masturbation weder »Ersatz« noch Kompensation, sondern eine Möglichkeit selbstbestimmter, frei verfügbarer, autonomer, heimlicher und durchaus erholsamer Sexualität.[94]

Je weniger Verbote gelten und je mehr Wege sich öffnen, desto freier wählt das Begehren unter den verschiedenen Möglichkeiten seiner Befriedigung aus. Masturbation, Telefonsex, Partnertausch, Seitensprünge in organisierter (Seitensprungagenturen) und spontaner (Urlaub) Form, Swingerclubs, Pärchenparties, Fetischparties, Cybersex ... wer will da noch von einem »natürlichen« Sexualverhalten sprechen; und den moralischen Zeigefinger zu heben ändert an der Entwicklung nichts, selbst wenn man gewillt ist, den überwiegenden Teil der Bevölkerung für sexuell pervertiert zu halten.

Nun sind Experten schnell dabei zu behaupten, solche sexuellen Aktivitäten seien bar jeder Liebe. Doch auch der Lusttrieb ist in der Lage, starke herzliche Verbindungen zum Objekt der Begierde herzustellen. Die »brennende« Liebe ist ebenfalls Liebe. Menschen können sich lieben, ohne sich im Alltag zu verstehen. Sie können leidenschaftliche und liebevolle Sexualität miteinander erleben, ohne deshalb als Lebenspartner füreinander geeignet zu sein. Sie können sich schlicht und einfach als Sexualpartner lieben.

Deshalb ist die Behauptung, wer sich partnerschaftlich liebt, muss sich zugleich auch sexuell begehren, weil die partnerschaftliche Liebe der Sexualität als Ausdrucksform bedarf, aus dem Blickwinkel von Lusttrieb und Begehren völlig aus der Luft gegriffen. Und der Umkehrschluss, wer sich nicht begehrt, liebt sich demnach nicht, entbehrt ganz und gar jeder Grundlage. Warum sollte der Lusttrieb nach einem Eheschein fragen? Er wird die begehrte Person auch ohne diesen lieben.

Transpersonale Aspekte von Sexualität

Betrachten wir das Phänomen Sexualität nun unter einem anderen Aspekt, dem der Leidenschaft.

Das veraltete Konzept des Sexualtriebes erklärt Sexualität durch einen von Zeit zu Zeit nötigen Spannungsabbau. Menschen werden demnach sexuell aktiv, um einen organischen Überdruck loszuwerden, der ihnen vom Fortpflanzungsdrang aufgebürdet wird. Die modernere Annahme des Lusttriebes geht über diese biologische Erklärung hinaus und begreift Sexualität als eine Möglichkeit, nicht negative Zustände abzubauen, sondern im Gegenteil positive Zustände herzustellen.

Mit der sexuellen Handlung wird ... ein neuer Zustand produziert ... Das eigentliche Ziel der sexuellen Handlung ist
nicht die Aufhebung eines Spannungszustandes, sondern die
Herstellung einer darüber hinausgehenden seelischen Verfas-
sung.[95]

Dieser gesuchte positive Zustand umfasst mehr als nur
körperliches, er betrifft auch seelisches Empfinden. Hier
greift meiner Ansicht nach der Begriff der Leidenschaft,
weil Leidenschaft ebenfalls über das rein körperliche Erleben hinausgeht und seelische Bereiche streift.
Leidenschaft als Phänomen ist nicht neu. Der Rausch der
Verliebtheit wurde in allen Kulturen geschätzt und zu allen Zeiten gesucht. Leidenschaft scheint große Macht auf
den Menschen auszuüben, weshalb sie ihn zu allen mög-
lichen und unmöglichen Verhaltensweisen veranlasst.
Was tut dieser so wichtige Zustand für die und mit den
Menschen? Antworten hierauf ergeben sich aus der Um-
und Beschreibung der leidenschaftlichen Erfahrung:
»Dann vergesse ich mich selbst«, »Nirgendwo sonst
kann ich derart loslassen«, »Man taucht ein und ist
weg«, »Ich verliere total den Kopf«, »Alles ist weg, nur
noch der Augenblick ist da«, »Sich auflösen und Eins-
werden«.
Leidenschaft ruft einen Rausch auf Grund sexueller Aktivität hervor. Der Körper schüttet »Glückshormone«
aus, die Zeit löst sich auf und die Grenzen der Person
ebenfalls. Leidenschaft ist legale Droge. Und weil Menschen den Rausch brauchen, können sie auch auf Leidenschaft nicht verzichten.
Im Rausch der Leidenschaft überwindet der Mensch
seine inneren Grenzen, wird »... waghalsig zumindest
nach innen, d. h. gegen die eigenen Ängste.«[96] In der Leidenschaft überwindet der Mensch sozusagen sich selbst,

verlässt er seine Identität, die ihn einerseits absichert, aber andererseits einsperrt. Deshalb, um der Enge seiner Selbstdefinition zu entkomen, sucht er von Zeit zu Zeit einen Zugang zur Welt jenseits des Ich, jenseits von Vernunft, Planung, Moral, Anstand und Sitte.

In der Leidenschaft zeigt die Sexualität einen transpersonalen Aspekt. Konzentrierte Sinnlichkeit hat von jeher eine Brücke zu der »anderen« Welt, der Welt jenseits von Alltag und Normalität hergestellt. Die Trancetänze der Urvölker, religiöse Riten, die Orgien der Griechen und Römer waren legale Möglichkeitenten der Grenzüberschreitung.

Heute, da wir nicht mehr über die Rituale der Urvölker verfügen, ist leidenschaftliche Sexualität eine der wenigen verbleibenden legalen Möglichkeiten der Grenzüberschreitung. In der definierten Welt mit ihren definierten Zielen wird Leidenschaft zu einem der letzten Orte, an denen Abenteuer und Befreiung möglich scheinen.

Der leidenschaftliche Mensch verwandelt sich vom Kopfmenschen zum Fühlmenschen und tut Dinge, die er normalerweise nicht tun würde. Betrachten wir das einmal praktisch am Beispiel eines anständigen Mannes und einer anständigen Frau, und lassen Sie uns das Paar in einem leidenschaftlichen Moment belauschen, in welchem beide »aus sich rauskommen« und der Struktur ihres Begehrens folgen.

Der Mann beginnt die Frau zu erregen, worauf sie unschuldig haucht: »Was machst du da?« Er drängt weiter und versichert: »Nichts.« Daraufhin fleht sie: »Lass das, das ist unanständig.« usw. Dies alles, während sie es »treiben«. Was ist so erregend an diesem Spiel? Während sie anständig spielen, können die Partner real unanständig werden, lustvoll und geil, aber heimlich. Sie überschreiten die Grenzen ihrer Normalität und teilen ein leidenschaftliches Geheimnis miteinander.

In ihrer Funktion der Grenzüberschreitung widerspricht die Leidenschaft keineswegs der Normalität, sie ergänzt und stützt diese vielmehr. Denn ein wesentliches Merkmal des leidenschaftlichen Rausches ist seine zeitliche Begrenzung. Dem Rausch folgt die Rückkehr in die Normalität, die jetzt wieder etwas farbiger erscheint, weil man in der Fremde war. Man kehrt zu sich zurück, weil man Abstand zu sich hatte und daher Abenteuer und Erneuerung möglich wurden. Wenn Menschen fremdgehen, sprechen sie ja tatsächlich davon, »ein Abenteuer« erlebt zu haben. Und so ist es auch. Das Abenteuer ist nur in der Fremde möglich.

Nun werden etliche Experten einwenden, derartige Leidenschaft habe nichts mit Liebe zu tun. Doch wenn zwei Menschen sich leidenschaftliche Abenteuer ermöglichen, werden sie ganz selbstverständlich einander die Herzen öffnen und lieben. Auch leidenschaftliche Liebe ist eine Erscheinungsform der Liebe. Sie kann in der Dauerpartnerschaft vorkommen und ebenso außerhalb davon. Sie wird sich jedoch nicht an Vorgaben halten und in zugewiesenen Bahnen verlaufen, sondern sich einzig und allein vom Begehren leiten lassen.

Aus dem transpersonalen Charakter der Sexualität ergibt sich eine weitere Erklärung dafür, warum Leidenschaft in der Dauerbeziehung schließlich nachlässt. Abenteuerliches Erleben kann im Kontakt mit dem gewohnten Partner auf Dauer kaum erreicht werden. Leidenschaft sucht nicht nur das psychisch Fremde, sondern auch das körperlich Fremde, den fremden Geruch, die fremde Haut, den fremden Körper, die erregende Entdeckung des Neuen und Unbekannten. So etwas lässt sich nicht willkürlich erzeugen, weshalb Partner frustriert reagieren, sobald sie versuchen, die Leidenschaft willentlich zu erzeugen.

So wie Al in der geschilderten TV-Serie sein Glück im Nachtclub sucht, so weichen daher nicht wenige Partner beispielsweise in die Masturbation aus, wo sie den Strukturen ihres Begehrens folgen können, ohne auf die Ansprüche des Partners Rücksicht nehmen zu müssen. Weil die harmonische Dauerbeziehung wenig Platz für Unvernunft und irrationale Sehnsüchte lässt, bricht die Leidenschaft aus ihr aus und erobert sich andere Räume. In der Fantasie, im Internet, im Pärchenclub können die Partner dem Fremden begegnen, das Unerhörte tun, der Unvernunft Platz lassen, ihrer Leidenschaft frönen.

Psychische Aspekte von Sexualität

Sexualität ist weder bloß Trieb noch bloß Lust und erschöpft sich auch nicht in der Leidenschaft. Sie ist noch vielschichtiger. Sie enthält neben triebhaften, Lust suchenden, transpersonalen und grenzüberschreitenden auch psychische Dimensionen.

Erotik, intensives Begehren und Erleben, ist ohne Risiko, ohne Angst, ohne Feindseligkeit, ohne Rache, ohne Triumph, ohne Kampf – zumindest in Spuren – nicht denkbar; ohne sie endet alles Sexuelle in Gleichgültigkeit und Langeweile. Harmonie ist der Feind der Leidenschaft. Gesellschaftlich besonders hoch und niedrig bewertetes – Erotik und Perversion – beruhen auf ähnlichen Mechanismen: auf der Dynamisierung der Sexualität durch nichtsexuelle Affekte; oder, pardoxer und provokanter formuliert, auf der erotisierenden Kraft, die seelische Traumen und Konflikte haben können.[97]

Sind Begehren und erotisches Verlangen eines Menschen überaus stark, was sich beispielsweise in ständigen oder wiederkehrenden Tagträumen bemerkbar machen kann, so zeigt sich hierin der Drang, etwas zu erleben, das weniger körperlich, sondern vielmehr psychisch motiviert ist. Die Intensität des Verlangens und die Dichte des erotischen Erlebens eines Menschen hängen deshalb auch von der unbewussten psychischen Bedeutung seiner sexuellen Handlungen ab.

Man kann sich dies so vorstellen, dass unbewusste psychische Aspekte die Sexualität gleichsam als Bühne suchen. Auf der Bühne der Sexualität wird dann ein Stück aufgeführt, dessen Drehbuch der Struktur des Begehrens entspricht und dessen Hauptdarsteller bestimmte psychische Aspekte der Persönlichkeit darstellen.

– Der Eroberer inszeniert eine Bestätigung seines Selbstwerts. In seinem Stück tritt ein Mann auf, der sich von Widerständen und Zurückweisungen durch Frauen nicht aufhalten lässt, sondern seine ganze Verführungskunst aufwendet, um ans Ziel zu gelangen. Dieses Ziel besteht nur vordergründig im Sex, hintergründig im Triumph und der Selbstbestätigung, die er aus seinen Eroberungen zieht.

– Eine Frau, die das Begehren der Männer systematisch auf sich zieht, inszeniert eine Bestätigung ihrer weiblichen Identität. Das ist einer der Gründe, warum manche Frauen begehrt werden wollen, ohne selbst zu begehren. Ihr Mann soll in seinem Begehren nicht nachlassen und so ihren Wert »als Frau« bestätigen.[98] Mit raffinierter Kleidung und reizenden Gesten animiert sie ihn, die Bühne zu betreten. Lässt sein Begehren nach, gerät die Frau in Verunsicherung und Selbstzweifel. »Bin ich nicht mehr attraktiv?« oder »Ist eine andere besser als ich?« sind quälende Fragen, die ihre Bemühungen womöglich noch verstärken.

Das gleiche Drama gibt auch dem Mann Gelegenheit, auf der Bühne der Sexualität aufzutreten. Er inszeniert in dieser Aufführung eine Bestätigung seiner Männlichkeit, seiner Potenz, seiner Macht und seines Wertes als Mann.

– Andere Männer, die geradezu süchtig nach Sexualität, nach körperlicher Berührung und Verschmelzung zu sein scheinen, führen ein Stück mit dem Titel »Fühlen und Spüren« auf. Denn Sexualität ist einer der wenigen bekannten Wege, auf denen die meist vernunftbeherrschten Männer Kontakt zum Körper, zum Fühlen und damit zu unmittelbarer Sinnlichkeit finden.

Die Funktion der Sexualität als Bühne für psychische und sogar religiöse Aufführungen zeigt sich auch in den Riten alter Völker, die nicht zufällig sexuelle Inszenierungen an spirituellen Orten stattfinden ließen. Hier wurde die Verbindung zur Natur oder zu Gott dramatisiert. Vulva und Phallus galten als Symbole des Lebens und als Kräfte zur Abwehr des Todes. Um die Fruchtbarkeit der Erde zu erhalten, wurde Sperma in Feldfurchen gespritzt, der Weizensamen liegend und nackt eingepflanzt, oder man feierte in Vegetationsmysterien Orgien mit sakralem Koitus. Kultischer Geschlechtsverkehr wurde als Entjungferung, heiliger Beischlaf und heilige Hochzeit in Tempeln begangen.[99]

Man paarte sich nicht mit dem Wesen, das man liebte, weil es schön, jung, kräftig, ... oder in anderer Weise anziehend war. Man opferte sich und kopulierte auch mit den Alten, den Häßlichen, den Kranken und Lahmen ... Alt und jung, schön und häßlich, Mensch und Tier, Vater und Tochter, Mutter und Sohn, Bruder und Schwester, Mann und Mann, Frau und Frau, Kind und Kind – alle vereinten sich gemeinsam vor den

146

Augen aller. Solche Promiskuität war Orgie im ursprünglichsten Sinn, war Opfer, Gottesdienst.[100]

Warum diese Ausführungen? Damit die ganze Kraft und Bedeutung der Sexualität deutlich wird und alle Versuche, sie in die Schranken der Ehe und der partnerschaftlichen Liebe zu verweisen, als Verharmlosung und Verniedlichung erkennbar werden.

Sexualität erzählt die Mythen einer Gesellschaft, eines Paares oder eines Individuums. Es sind dies Geschichten von Einswerdung, Vertreibung, Auflösung, Krieg und Frieden, Sieg und Niederlage, Eroberung und Hingabe, Leben und Tod, Macht und Ohnmacht. Daher kann Sexualität als Bühne betrachtet weden, auf der das Leben sich selbst erzählt und die Akteure dadurch *unmittelbar* an ihm teilhaben und es immer neu erfahren lässt.

Somit ist Sexualität zugleich wild und sanft, archaisch und kultiviert, unbezogen und bezogen, je nachdem, was Individuum, Paar oder Gesellschaft zu erzählen haben und welche Themen darin bewältigt werden.

Wenn Sexualität auch psychische Themen einzelner Menschen erzählt, wird sie in einer Beziehung der Aufführung gemeinsamer Themen dienen. In diesem Fall müssten die hinter den Aktivitäten der Partner liegenden Themen zueinander passen, wie dies beispielsweise beim Stück »Eroberung und Hingabe« in den Themen der »Herrschaft und Unterwerfung« der Fall ist. Sexualität wird hier zum Feld, in dem sich sowohl aggressive als auch regressive Affekte der Partner ausleben lassen und Erfahrungen von Sieg und Triumph oder auch Geborgenheit und Verbundenheit stattfinden.

Aggressive Affekte werden besänftigt, indem die sexuelle Aktivität des Machers oder die sexuelle Ausstrahlung der reizvollen Frau das Gefühl der Macht stärken. Man hat den anderen »in der Hand« und erlebt sich daher als mächtig. Regressive Elemente kommen zu ihrem Recht, indem Mann oder Frau die Symbiose der frühkindlichen Phase und das Gefühl der Einheit miteinander erleben und zelebrieren.

Sexualität kann darüber hinaus zu einer Art »Innerer Hochzeit« führen. Indem Mann und Frau sich abwechselnd in aktiven und rezeptiven Seiten begegnen, indem der Mann seine rezeptive Seite und die Frau ihre aktive Seite ausleben, heben sie ihre rollenspezifische Festlegung und geschlechtliche Unterschiedlichkeit auf. In ihrem Empfinden werden sie eins und erfahren einander als androgyne Wesen. Diese Erfahrung ist womöglich eine der erotischsten, welche Sexualität vermitteln kann. Dieser Aspekt zeigt sich heute, beginnend in der Romantik, in zunehmender Bedeutung. Je weiter die Rollentrennung sich auflöst, desto intensiver erleben sich beide Geschlechter als gleichzeitig aktiv und rezeptiv.

So kann auf der Bühne der Sexualität allerhand Sinnhaftes und scheinbar Paradoxes gesellschaftlicher Dimension, wie beispielsweise ein Tabubruch, oder etwas nur aus der individuellen Geschichte Bedeutsames zur Aufführung kommen. Welche Bedeutung haben demgegenüber Vorstellungen wie die »sexuelle Reife« oder die Forderung nach einer »erarbeiteten Sexualität«?

Ein verheirateter Mann erzählt von seiner Beziehung zur Geliebten: »Neun Jahre waren wir in tiefster Leidenschaft verbunden. Ich hätte nie geglaubt, dass eine erotische Verbindung so lange und so intensiv erlebt sein kann, ohne der Abnutzung zu unterliegen. Wir liebten uns von ganzem Herzen. Da wir uns nur zwei, drei Mal im Monat sahen, konnten wir einander nie gewiss sein,

eroberten uns jedes Mal von Neuem. Es war ein uner-
klärliches Faszinosum, eine verzauberte Zeit, an die ich
heute noch, nach etlichen Jahren, mit innerem Leuchten
denke.«

Welche Geschichte mag dieses Paar, viele Male und immer wieder, gemeinsam aufgeführt haben? Die einer
mystischen Liebe? In welche Gefahren haben sie sich begeben? Die der Enttarnung und der Zerstörung ihres
Alltagslebens? Wie oft mussten sie der Versuchung wi-
derstehen, ihre wilde Liebe in eine gezähmte zu verwandeln? Welche individuellen Themen hat jeder für sich
aufgeführt und doch nie ganz gelöst, so dass die Story
weitergehen konnte? Eine lebendige, gefahrvolle, unge-
wisse Inszenierung des Lebens.

Gefährdung der Lebenspartnerschaft durch Therapie

Schon hören wir die Einwände der Experten, gerade die
psychischen, konfliktbedingten Aspekte der Sexualität
hätten nichts mit Liebe zu tun, sie zeigten bestenfalls unreife und infantile Liebe. Doch selbstverständlich kann
auf der Bühne der Sexualität starkes Liebesempfinden
ausgelöst werden. Den archaischen oder emotionalen
Dramen wird es nämlich recht gleichgültig sein, ob sie
zum Beziehungsentwurf der Partner oder zu Experten-
vorstellungen passen.

Der Ehepartner mag im Seitensprung seine Unabhän-
gigkeit inszenieren, denn vielleicht braucht er gerade
diese Erfahrung, um seine Ehe fortsetzen zu können.
Warum sollte man ihm diesen Treuebruch, der letztend-
lich die Paarbeziehung nicht in Frage stellt, sie im Ge-

genteil vielleicht sogar belebt, vorwerfen? Ein Mann, der im Koitus suchtvoll drängend in die Frau »hinein« will, mag regressive Tendenzen ausleben und sich auf der Suche nach der Symbiose, nach dem Urgrund oder dem himmlischen Paradies befinden. Warum sollte er diese von Psychologen so genannte »Infantilität« und sexuelle »Unreife« aufgeben?

Trotzdem werden Experten zur Auflösung solch regressiver Tendenzen eine Therapie empfehlen und damit ungewollt die Partnerschaft gefährden. Denn wenn der ein Verlangen produzierende innere Konflikt aufgelöst wird, verschwindet mit ihm auch das Verlangen. Ein solcher Effekt ist bei Sexualtätern erwünscht und das Ziel ihrer Therapie. In der Partnerschaft wirkt sich der gleiche Effekt, also die Lösung des inneren Konfliktes, möglicherweise nachteilig aus. Wer sein Selbstbewusstsein auf anderem Weg aufbaut, braucht dessen Bestätigung im sexuellen Akt nicht mehr herbeizuführen. Er kann dann auf die sexuelle »Aufführung« verzichten, sein Begehren schwindet oder lässt nach, und dann fehlt es in der Beziehung.

Ich erinnere mich an ein Paar, das nach 32 Jahren Ehe noch guten Sex miteinander hatte. Die beiden sagten: »Unsere Beziehung war immer schwierig. Wir hatten wenig ruhige Phasen und immer viel Streit. Nur im Bett sind wir die ganzen Jahre über zusammen gekommen.« Die psychischen Konflikte dieser Partner und ihre emotionale Distanz erschwerten zwar die Lebenspartnerschaft, ermöglichten aber über diesen immensen Zeitraum guten Sex. Hätte man diese beiden vor 20 Jahren therapiert, wäre ihre Lebenspartnerschaft wahrscheinlich harmonisch geworden und ihr Sex überflüssig. Womöglich wären sie auseinander gegangen.

Die Paartherapie scheint daher manchmal (oder sogar oft?) ungewollt zur sexuellen Langeweile in der Partnerschaft beizutragen: Indem sie hilft, psychische Konflikte zu thematisieren, forciert sie die Auflösung des Begehrens. Wenn der Machtkampf erliegt oder die Symbiose nicht mehr angestrebt wird, herrscht Stille im Bett.

Da bleibt dem »durchtherapierten« Paar bestenfalls mit einiger Anstrengung noch jener »kuschelige Sex«, von dem Sexologen so schwärmen, oder eine »lustvolle Geborgenheit«, worin immer diese bestehen mag. Eben jenes Mittelmaß, das die Partner schließlich heftig beklagen und welches sie dann, wiederum mit therapeutischer Unterstützung, durch künstliche oder absurde Inszenierungen des Abenteuers, durch Beischlaf im Aufzug oder Kaufhaus, durch fetzige Kleider, gespielte Eroberung und verabredete Fremdheit, zu überwinden suchen.

Man kann es drehen und wenden wie man möchte. Sexualität lässt sich nicht einfach, nicht vollständig und schon gar nicht folgenlos unter das Dach irgendeiner definierten Partnerschaft oder Liebe bugsieren.

Vergebliche Zähmungen

Halten wir fest: Sexualität ist triebhaft, lustsuchend, affektiv, regressiv, aggressiv, grenzüberschreitend, gesellschaftlich, individuell, transpersonal, androgyn, psychisch und emotional. All diese Aspekte streifen Partner, während sie einander berühren, zärtlich, fest, wild, sanft, während sie sich umarmen, umschlingen, ineinander eindringen, sich hingeben – spürend, atmend, gebend und nehmend, egoistisch und verbunden.

Wie könnte diese Sexualität allein auf partnerschaftliche Liebe angewiesen sein? Die zweite Liebeslüge, aus der folgt »Wer sich liebt, muss sich begehren« und »Wer sich nicht begehrt, der liebt sich nicht«, offenbart sich anhand der beschriebenen Zusammenhänge als unsinnige Verknüpfung zweier nicht eindeutig definierbarer Begriffe und als unzulässige Simplifizierungen vielschichtiger Zusammenhänge.

Weder leidenschaftliche Liebe noch Sexualität lassen sich derart begrenzen und beherrschen, dass sie beide in den Rahmen der Lebenspartnerschaft passen oder gar deren Fundament bilden könnten.

Die Geschichte liefert den Beweis hierfür. Jahrtausendelang standen Sexualität und Leidenschaft im Kontext sinnlichen und erotischen Erlebens und Vergnügens und kamen sowohl in ehelichen Partnerbeziehungen als auch in außerehelichen Liebesbeziehungen vor. Für beide wurde jedoch der Begriff Liebe verwendet. Erst im späten Christentum des dreizehnten Jahrhunderts gelang es, Sexualität, zumindest moralisch, an die Ehe zu koppeln und jedes Begehren, vor allem aber jedes Begehren frei von ehelicher Liebe, zu verdammen.

Die bedeutendste negative Leistung des Christentums war die »Problematisierung« der Sexualität.[101] Dass die Zeiten kirchlicher Problematisierung bis heute nicht vorbei sind, macht die Schlagzeile eines Zeitungsartikels aus dem Jahr 1999 deutlich: »Papst droht: Vom Sex kriegt ihr Krebs«.[102] Solche Meldungen sind eigentlich harmlos, und wir nehmen sie bestenfalls amüsiert hin. Ernst zu nehmender für die katholische Kirche und den Papst sind Vorgänge, die das völlige Fehlschlagen der sexuellen Einschränkungsversuche belegen:

»Hunderte von katholischen Pfarrern sind in den USA in den vergangen Jahren an Aids gestorben … Prominentestes Opfer: der New Yorker Bischof Emerson Moore.«[103]

Ist Sexualität schon nicht zu unterbinden und weigern sich sogar die Gläubigen vehement und erfolgreich, die mönchisch-asketischen Ideale der Kirche zu übernehmen, so sollte Sexualität auf Grund christlicher Ideologie zumindest kanalisiert werden. Der Apostel Paulus hat für diese Form der christlich bezähmten Sexualität, allerdings ohne jede Berufung auf Jesus, den Grundstein gelegt.

Der Mann tut gut daran, keine Frau zu berühren. Um aber Unzuchtssünden zu vermeiden, soll jeder Mann seine eigene Ehefrau und jede Frau ihren eigenen Ehemann haben. Der Mann leiste seiner Frau die schuldige Pflicht, ebenso aber auch die Frau dem Manne.[104]

Das ist es, das schlichte Geheimnis christlicher Sexualmoral, das Geheimnis der hoch gelobten Liebe in der Ehe und der angeblich natürlichen Einheit von ehelicher Liebe und Sexualität: Weil es nicht gelang, das Begehren selbst auszulöschen, musste es in die Schranken der Ehe verwiesen werden, von der es zuvor weitgehend ausgeschlossen war. Dem Begehren wurde der Mantel ehelicher Liebe umgehängt, und damit wurde es benutzt und funktionalisiert.

Von nun an waren die Eheleute es sich schuldig, ihr Begehren ausschließlich aufeinander zu richten, um der Unzucht vorzubeugen, und um die triebhafte, unkontrollierbare Sexualität in den Griff zu bekommen. Von da an allerdings ging es in rasantem Tempo bergab mit der Ehe.

Jean-Louis Flandrin zitiert die Ansicht des Ethnologen Luc Thoré, unsere Gesellschaft sei die einzige auf der Welt, welche die Ehe auf die Liebe gründe; alle anderen Gesellschaften misstrauten der Liebesehe, weil sie die sozialen Strukturen zersetze.[105] Wer, wie die Kirche, den Sexualtrieb unter seine Kontrolle bringen und in die Ehe zwingen wollte und darüber hinaus für die Ehe die Liebe verlangte, hat, ohne es zu wollen und wahrscheinlich ohne es zu wissen, auf jeden Fall aber ohne es zuzugeben, zum Untergang der Ehe und Entwertung der Lebenspartnerschaft beigetragen, und – die Behauptung scheint nicht übertrieben – sogar die christliche Institution Kirche selbst, zumindest in den westlichen Staaten, an den Rand des Abgrunds gebracht.

Die Versuche der Kirche, Sexualität und Liebe in der Ehe aneinander zu ketten, haben darüber hinaus das Ideal der romantischen Liebe als Massenphänomen provoziert. Heute ist diese romantische Beziehungsvorstellung zur Grundlage allgemeiner Partnerschaftsvorstellungen geworden.

Leider halten die meisten Psychologen und Paarberater das romantische Ideal unkritisch hoch, auch wenn sie eingesehen haben, dass sich die Türen zum Paradies nicht von selbst öffnen. Daher erklären sie jetzt die Allesbeziehung für gestaltbar oder zu erarbeiten. Sie drücken den angeblich untrennbaren Zusammenhang partnerschaftlicher Liebe und Sexualität in allerlei schillernden Begriffen aus, die allemal zur Lüge werden, weil sie der Verallgemeinerung anheim fallen.

*Sexualität entsteht
aus seelischer
Intimität.*

Da wird von allen Seiten, theologischen und psychologischen, in Idealvorstellungen geschwelgt. Sexualität sei ein Kind der tiefen und vertrauten Paarliebe, bilde sich

154

automatisch und dauerhaft aus einer Ganzpersonenverbindung, ja nur in einer Verbindung, in welcher die Seelen sich berühren und innerste Kerne sich küssen und so
weiter.

Natürlich kann sich Sexualität in einer vertrauten Beziehung bilden oder vertiefen. Ob diese Sexualität jedoch
von Dauer sein wird, mag dahingestellt sein. Zwingend
erforderlich ist eine vertraute Beziehung für liebevolle Begegnung nicht, eher Vertrauen und Liebe, und beide sind
weder an die Zeit noch an Verpflichtungen gebunden.

Und auch das Gegenteil kann der Fall sein. Lustvolle Sexualität kann sich gerade auch unter anonymen, unverbindlichen Bedingungen entwickeln. »Meinen ersten
Orgasmus hatte ich mit einem Fremden, da konnte ich
mich gehen lassen«, berichtet eine Frau, und ein Mann
sagt: »Ich kann mich im Bett viel besser gehen lassen,
wenn ich die Frauen nicht so lange kenne.«

Die Vereinigung von
Mann und Frau kann
nur in tiefer Liebe geschehen.

Auch dieser Feststellung mag man nicht widersprechen,
solange es nicht heißt, diese tiefe Vereinigung könne nur
in dauerhafter und partnerschaftlicher Liebe geschehen.
Sobald das Kriterium der Dauer hinzugefügt wird, zeigt
sich, wie gering der sexuelle Akt geschätzt wird. Dann
soll die eheähnliche Liebe den Akt veredeln, weil dieser
ja angeblich frei von echter Liebe ist.

Sexualität wird so von einem menschlichen Bedürfnis
zum Ausdruck reiner Liebe umgedeutet, und die Partner können sie dann mit gutem Gewissen ausleben. Ob
und wie zutiefst menschliche aber abgründige Wünsche
und Sehnsüchte befriedigt werden und wie sich mit

155

»Reife« einhergehender erotischer Verzicht auf die Partnerschaft auswirken wird, bleibt dahingestellt. Wer auch ohne die besondere Rechtfertigung verbindlicher Liebe zu seinen erotischen und sexuellen Bedürfnissen stehen kann, dem bleibt die liebevolle Vereinigung von Mann und Frau keinesfalls verwehrt.

Sex ohne
partnerschaftliche
Liebe stellt
Ausbeutung dar.

Diese These besagt: Angeblich wird der Partner in der Sexualpartnerschaft zum Objekt gemacht. Auch da stimmen der aufgeklärte Mann und die emanzipierte Frau nur allzu gern zu. Aber wie soll man den Partner nicht zum Objekt machen, solange man ihn braucht? Schließlich wird gerade in der Ehe die Funktionalisierung des Partners zur Befriedigung sexueller Begierde unterstützt und durch die Vorstellung der »erarbeiteten Sexualität« geradezu gefordert. Solange Menschen das brauchen, was nur Sexualität ihnen geben kann, sind sie darauf angewiesen, dass dieses Primärbedürfnis erfüllt wird. Der Partner wird damit zum notwendigen Objekt, um die Sehnsucht und den Liebeshunger zu stillen. Daran ist nichts ausbeuterisches.

In dem Film »Smaragdwald« wird meiner Ansicht nach ein natürliches Verhältniss zur Sexualität gezeigt. Der weiße Protagonist wird dort von einer brasilianischen Indianerin begehrt. Sie fordert ihn mit den Worten: »Brauchst du mich jetzt?« zum Geschlechtsverkehr auf. Ihr Stamm kennt kein anderes Wort für Geschlechtsverkehr. »Sich brauchen« heißt miteinander schlafen. Das klingt ehrlich: Wir schlafen miteinander, weil wir das

156

brauchen. Unser Sex kann Ausdruck von Bedürfnis und von Liebe sein, in jedem Fall brauchen wir ihn und bekennen uns damit auch dazu, den anderen für dieses Bedürfnis zu »funktionalisieren«.

Vertrauter Sex ist
intensiver.

Das heißt also: Die Liebe des ganzen Menschen und das tiefe Vertrauen zum Lebenspartner erzeugt eine Intensität sexueller Vereinigung, die nur den in der Dauerbeziehung lebenden Partnern zugänglich ist.
Seltsam an solchen Beteuerungen ist indes, dass sie stets von Menschen aufgestellt werden, die Liebe und Leidenschaft außerhalb der Dauerpartnerschaft nicht kennen und die zu einem Vergleich deshalb gar nicht in der Lage sein dürften, nämlich vor allem von Theologen und ehetreuen Psychologen. Ohne je die verurteilten Formen sexuellen Erlebens kennen gelernt zu haben, sind sie von deren Oberflächlichkeit zutiefst überzeugt. Ihre fehlende Erfahrung außerehelicher Sexualität hindert diese Spezialisten nicht, außereheliche Sexualität als »Akrobatik« abzuwerten und das sexuelle Paradies in der Ehe für machbar zu erklären. Doch alle Versuche, die beschworene mystische Intensität ehelicher Leidenschaft zu erzeugen, scheitern früher oder später und führen zu verwirrenden Erlebnissen.
Ein Mann: »Ich habe lange an einem Phänomen gerätselt. Wenn ich meine Frau berühre oder sie mich, dann ist diese Berührung schön, vertraut, angenehm, warm. Ganz anders als die Berührung mit meiner Geliebten. Die ist prickelnd, aufregend, spannend. Ich kann die Spur ihrer Hand auf meiner Haut weit länger verfolgen als bei der Hand meiner Frau.«

157

Eine Frau: »Ich fürchte, dass das Prickeln mit meinem Mann nicht wieder kommen wird, aber ich weigere mich, das wahrzuhaben. Es muss doch einen Weg geben. Wie soll ich es sonst erleben?«

Welche Erklärungen würden Psychologen und Therapeuten für diese Fälle finden, und welche Therapiemethoden würden sie für die Behandlung dieser »Störungen« anbieten?

Sie würden die sexuelle und liebesbezogene Reife dieser Partner in Zweifel stellen. Entweder würden sie behaupten, solche Leidenschaft sei frühkindliche Sehnsucht nach symbiotischer Verbindung und daher sei eine Therapie frühkindlicher Ereignisse angebracht. Oder sie würden deuten, dass der in die Midlifecrises geratene Mensch sich die Jugend zurückholen wolle und daher die leidenschaftliche Verbindung suche, um folglich eine therapeutische Auseinandersetzung mit dem Selbstbewusstsein und dem Prozess des Alterns einzuleiten.

In beiden Fällen liefe die »Behandlung« darauf hinaus, die Leidenschaft aufzulösen oder auf ihre Erfüllung zu verzichten. Dadurch würde dann »Reife« gezeigt und ein »Wachstumsprozess« eingeleitet. Der tapfere Sexualtherapeut würde zusätzlich einen dritten, technischen Weg einschlagen, den ich im Abschnitt *Die Techniklüge* beschreiben werde.

Konfliktbereinigung, Wachstum, Technik, so einfach soll das sein? Ich habe gestandene Vorstandsvorsitzende ihre berufliche Position und ihre Ehe für ein Abenteuer opfern sehen. Männer und Frauen verfallen ihrer Leidenschaft und bauen, gegen jede Vernunft, sexuelle Nebenbeziehungen auf. Millionen Beziehungen werden für immer geschlossen und doch für die Sexualität geopfert. Trotz aller Anstrengungen will die Koppelung von partnerschaftlicher Liebe und leidenschaftlicher Sexualität nicht zufrieden stellend gelingen. Aber unverzagt wird weiterhin von so genannter »Reife« und »Beziehungsfähigkeit« fantasiert, obwohl beide Begriffe nichts weiter als Konstrukte darstellen.

Sexuelle Reife ist Anpassung an die eingeschränkten Entfaltungsmöglichkeiten in unserer Kultur. Sexuelle Reife ist Gewöhnung an diese Anpassung. ... Zu haben ist sexuelle Reife nur für diejenigen, die imstande sind, die farbigen Bilder und die hochgespannten Vorstellungen ... auszulöschen.[106]

Sexualität ist vieldimensional. Sie treibt alle nur erdenklichen Blüten, und ihre Kraft spült nicht selten jeden Verstand und jede Normalität fort. Menschen werden sich immer auch als Opfer dieser Kraft erleben, die so vieles scheinbar Sichere und Gewohnte durcheinander bringen kann. Das scheint eine ihrer Funktionen zu sein.

So führen wohl alle Versuche, die Sexualität zu zähmen, zu einem ähnlichen Ergebnis, wie es ein Bauer beklagte: »Mussten meine Pferde ausgerechnet jetzt sterben, wo es mir endlich gelungen ist, ihnen das Fressen abzugewöhnen?« Und wir hören die Partner klagend rufen: »Musste unsere Sexualität ausgerechnet jetzt sterben, wo es uns gelungen ist, sie in die Ehe zu führen?«

Lüge Nr. 3: Die Erlösungslüge

Die dritte Liebeslüge ist derart verbreitet, dass sie als solche kaum auffällt. Sie verspricht: *Es kommt alles darauf an, den richtigen Partner zu finden – dann sind partnerschaftliche Liebe und leidenschaftliche Sexualität für immer gesichert.*

Die Konsequenzen dieser Aussage sind: Häufiger Partnerwechsel auf Grund der Überzeugung, den Richtigen noch nicht gefunden zu haben; nicht enden wollende Kritik am Partner und ständige Versuche, diesen zu verändern; latente Unzufriedenheit und offene Machtkämpfe. Die Erlösungslüge verspricht nicht weniger als partnerschaftliche Liebe plus leidenschaftliche Sexualität plus ewige Dauer.

Romantische Liebe

Die romantische Beziehungsvorstellung ist nur im Zusammenhang mit der christlichen und bürgerlichen Beziehungsmoral, vor allem aber mit deren Beziehungswirklichkeit, verständlich. Das Ideal eines *wahren* Partners entstand nämlich als Reaktion auf das bürgerlich-christliche Eheideal.

In der bürgerlichen Ehe verbanden sich, wie bereits beschrieben, Liebes- und Vernunftgründe miteinander.

Von den Partnern forderte dies partnerschaftliche Fürsorge und sexuelle Dienstbarkeit einschließlich des Treueversprechens. Verliebtheit war erwünscht, sollte die Partner aber lediglich zusammenführen und dann erlöschen. Im bürgerlichen Eheleben des 19. Jahrhunderts spielte Leidenschaft keine Rolle. Wenn moralisch auch willens, so konnten und mochten die bürgerlichen Ehemänner aber nicht auf Leidenschaft verzichten. Allenthalben war zu beobachten, wie die gepriesenen Ideale der Liebe und Treue in der bürgerlichen Ehe verraten wurden. Ehebruch und Prostitution waren nicht zu übersehen. Es herrschte eine ausgeprägte Doppelmoral, die das triebhafte Treiben hinter einer spießbürgerlichen Fassade zu verbergen versuchte.

Daneben nahm in den gesellschaftlichen Unterschichten die Zahl der wilden Ehen im 18. und 19. Jahrhundert rapide zu. Dieser kirchlicherseits beklagte »Sittenverfall« trat in Folge zunehmender Verarmung sowohl in der Landbevölkerung als auch im Proletariat auf. Das bürgerliche Eheideal bröckelte und geriet zunehmend unter Beschuss:

Parallel zur Entstehung der bürgerlichen Ehe und Familie bildeten sich immer wieder kulturelle Strömungen und soziale Bewegungen, die sich kritisch mit deren Grundlagen auseinandersetzten: So etwa der »Sturm und Drang«, die Romantik, das »Junge Deutschland«, der Feminismus, der Sozialismus.[107]

Die romantische Liebesvorstellung nahm nun an Bedeutung zu. Die *wahre* Liebe sollte nicht länger auf Moral oder Vernunft, auf priesterlichem Segen und staatlicher Bestätigung, sondern allein auf sinnlicher, erotischer, geistiger und wesensmäßiger Verbindung beruhen. Diese ganzheitliche Liebe werde mit dem wahren Partner möglich. So lange, bis der richtige Partner gefunden sei, sollten die Partner sich eher trennen als halbe Liebe hinzunehmen.

Stilisiert wurde in dieser romantischen Liebesvorstellung eine quasi-religiöse Suche nach Erlösung durch den *wahren* Partner, eine Art Sehnsucht nach der Wahrheit der Liebe und der endgültigen Lösung der Beziehungsfrage. Friedrich Schlegel brachte in seinem Roman »Lucinde« 1799 das romantische Liebesideal zum Ausdruck.

Hier wurde zum ersten Mal in der abendländischen Geschichte eine Vorstellung der Liebe formuliert, die alle bisher als widersprüchlich empfundenen Elemente in sich vereinigte: die geistig-seelische und die sexuell-sinnliche, die freundschaftlich-kameradschaftliche und die leidenschaftliche, und diese Liebe sollte nicht nur die Lebensgemeinschaft herstellen, sondern sie auch auf Dauer tragen.[108]

Man kann den geschichtlichen Weg zu diesem Erlösungsversprechen und seinen religiösen Ursprung nachvollziehen. Im 6. Jahrhundert vor unserer Zeitrechnung entstand in Griechenland die erste Erlösungsreligion[109] unseres späteren Kulturkreises. Diese predigte Erlösung für alle, die bereit waren, schon auf Erden Opfer zu bringen. Das Christentum übernahm diesen Erlösungsgedanken und kultivierte als Opfergabe den Verzicht auf körperliche Lust und leidenschaftliche Sexualität, um schon auf Erden eine himmlische Belohnung zu erhalten. Da sich aber nach zwölfhundert Jahren sexueller Verteufelung herausstellte, dass nicht einmal Mönche, Bischöfe und schon gar nicht Päpste zu diesem Opfer in der Lage waren, wurde in den folgenden fünfhundert Jahren darauf gedrängt, die Sexualität zu zähmen und zumindest der Ehe unterzuordnen. Als auch diese Versuche kläglich fehlschlugen, erhofften sich die Menschen, das durch Moral und Zwang vorenthaltene Glück unabhängig von der Ehe in einer verliebten Liebe, die für immer halten sollte, zu finden.

Bis in unsere Tage hinein hat dieses romantische Liebesideal wenig von seiner Faszination verloren, obwohl es seiner Verwirklichung nicht näher gekommen ist. Denn die Kraft der romantischen Liebesvorstellung ist gewaltig und entspricht der Kraft der Jahrhunderte währenden sexuellen Unterdrückung, aus der sie entstanden ist.

Die romantische Liebe ist das größte Energiesystem in der westlichen Psyche ... Sie hat in unserer Kultur die Religion als das Forum ersetzt, auf dem Mann und Frau Sinn, Transzendenz, Ganzheit und Ekstase suchen.[110]

Die romantische Liebe führt die Partner früher oder später ins Drama, denn sie erhebt mit Verliebtheit und Leidenschaft zwar die intensivsten, aber auch gerade die vergänglichsten Empfindungen zur Grundlage einer Beziehung. Das kann nicht gut gehen und führt, wen wundert es, in den dauernden Wechsel von Beziehungen, in die serielle Monogamie.

In der heutigen Auffassung findet sich das romantischbürgerliche Liebesideal und damit das historische Fundament für die *Erlösungslüge* wie folgt wieder: Man verliebt sich und glaubt sogleich, den richtigen Partner gefunden zu haben, was zu glauben im Rausch der Verliebtheit leicht fällt. Wenn sich dann der Alltag einschleicht, wenn die getrübte Linse klarer wird, wenn einst intensive Gefühle sich verflüchtigen, stellt sich herbe Enttäuschung ein. Da aber keiner einsehen will, *sich* getäuscht zu haben, weil dies auch der Abschied vom Beziehungsideal bedeuten würde, erklärt man den

Partner zum falschen und wandert zum nächsten weiter. Irgendwann, so hofft man bei diesem Prinzip des »Versuch und Irrtum«, wird der oder die Richtige gefunden werden.

Auf der Suche nach dem Richtigen kann allen Kriterien des hoch gesteckten romantischen Ideals entsprochen werden: der Treue, der Liebe, der Leidenschaft, dem Vertrauen, der Nähe, der Intimität, der Freundschaft, mit Ausnahme der Dauer. So produziert der geleugnete Faktor der Zeit schließlich das Problem. Er beendet die romantische Liebe, verwandelt die verliebte Liebe bestenfalls in die partnerschaftliche Liebe, und damit verliert die Beziehung, aus Sicht und vom Anspruch des Romantikers her, ihren Wert. Die ewig erscheinende, himmlische Liebe hat sich als vergänglich erwiesen, ist dadurch entzaubert und bloß irdische Liebe geworden.

Man »stolpert« also, damals wie heute, über die zeitliche Begrenzung leidenschaftlicher und emotionaler Verbindungen und natürlich über die Forderung der Exklusivität der Liebe zu einem einzigen Menschen. Mit dem bürgerlich-romantischen Partnerschaftsideal war nämlich ein äußerer und innerer Druck, eine Pflicht und Selbstverpflichtung zum Erhalt der Leidenschaft mit dem Liebespartner entstanden. Ihm – und nur ihm – sollte alle Liebe gelten.

Die Entwicklung dieses Exklusivitätsanspruchs wurde psychologisch durch die zunehmende Bedeutung der Rolle von Mutter und Kind gefördert. Kindheit als Lebensabschnitt und eine Mutter, die sich allein um das heranwachsende Kind kümmerte, sind relativ junge gesellschaftliche Erscheinungen, die möglich wurden, nachdem die Ehe ihre Aufgabe als Produktionsgemeinschaft verloren hatte. Die Kinder eines Paares verfügten in der Person der Mutter über eine hauptsächliche Bezugsperson, zu der sie ein besonders intimes Verhältnis entwickeln konnten. Das verstärkte die Erfahrung und die Erwartung, nur von einem einzigen Menschen geliebt zu werden und ließ zugleich panische Furcht entstehen, diesen Menschen zu verlieren. Selbstwert und Lebenssicherheit entstanden in der enormen emotionalen Abhängigkeit zur Mutter.

Beidem, der Erwartung der Exklusivität der Liebe als auch der Angst vor dem Verlassenwerden, begegnen wir in unseren »erwachsenen« Beziehungen in Form von Eifersucht und Treueerwartung.[111] Bei dieser Erwartungsfülle, die die romantische Liebesvorstellung den Partnern beschert, verwundert es kaum, dass nicht nur die Partner heute, sondern auch die ärgsten Romantiker ihrer Zeit sich dem Ideal weder nähern noch es vorleben konnten. Trotzdem hat die romantische Liebe auch etwas Neues und überaus Wichtiges zur Entwicklung der Geschlechtsbeziehungen beigetragen.

Zum ersten Mal wurde die geistige und sinnliche Ebenbürtigkeit der Frau zur Grundlage der Liebesbeziehung zwischen den Geschlechtern gemacht.[112]

Und darüber hinaus wurde ...

... das androgyne Ideal als Grundlage der romantischen Liebesauffassung postuliert ... Die Frauen sollten ihre männlichen, die Männer ihre weiblichen Züge ausbilden ...[113]

Die Frau als gleichberechtigtes, gleichsinnliches, gleichsexuelles und gleichleidenschaftliches Wesen zu begreifen und ihr männliche, sowie dem Mann weibliche Eigenschaften zuzusprechen und Bedürfnisse einzuräumen, und dies nach beinahe zweitausend Jahren nahezu ungebrochener Unterdrückung und Diskriminierung, war indes revolutionärer, als es heute erscheinen mag. So wäre es vorschnell, die romantische Beziehungsvorstellung rundweg abzulehnen, denn Teile davon haben unsere Geschlechtsbeziehungen durchaus bereichert, und man kann in unserer Gesellschaft zumindest das androgyne Ideal als großteils verwirklicht ansehen.

Die dauerhafte Vereinigung seelischer und sinnlicher Liebe ist hingegen nicht gelungen. So ist seit fast zweihundert Jahren die romantische Vorstellung in ihrem Kern erhalten geblieben, lediglich ihre Verpackung änderte sich manchmal. Eine moderne romantische Aufbereitung verwendet beispielsweise die New-Age-Bewegung im Begriff des »Seelenpartners«. Demnach gibt es für jeden Menschen irgendwo auf der Erde ein »passendes Gegenstück«. Wer dieses passende Seelengegenüber findet, hat zugleich den Schlüssel zu »immer währender« und »allumfassender« Liebe in der Hand. Dagegen gerät die Stecknadelsuche im Heuhaufen zum Kinderspiel, aber das stört die Hoffnung keinesfalls.
Romantische, quasi religiöse Schwärmereien und damit die Erlösungslüge halten sich so zäh, weil sie unmittelbar an den Sehnsüchten der Partner anknüpfen, Geborgenheitssehnsucht, Symbiosesehnsucht, Sicherheitssehnsucht und Erlösungssehnsucht. Und natürlich auch und nicht zuletzt deshalb, weil sie massiv und permanent von den Medien verbreitet und ausgeschlachtet werden.

Medienlügen

In Zeitschriften und Büchern, im Fernsehen und im Radio, überall wird fortwährend am Erhalt und der Verbreitung des romantischen Liebesideals gearbeitet, frei nach dem Motto: »Geben wir den Partnern, was sie sich erhoffen, das steigert Auflage und Quote.« Die Verbreitung und Aufrechterhaltung der *Erlösungslüge* kann durchaus auch als Beitrag der Medien zu den Liebeslügen betrachtet weden.

Das romantische Beziehungsideal ist auch deshalb ein Leckerbissen für die Medien, weil sich hierzu alles sagen und behaupten lässt, ohne je den geringsten Beweis für die geäußerten Vorstellungen, Ratschläge und Weisheiten antreten zu müssen. Die vorhandene Orientierungsunsicherheit der Partner bereitet den Boden für endlose Artikel, so genannte wissenschaftliche Untersuchungen und scheinobjektive Umfragen. Daher stellt es kein Problem dar, in einer Woche die Treue zu loben und in der nächsten Woche den Seitensprung zu feiern. Es lebt sich allemal besser vom Ideal als von der Wahrheit. Man kann sich allerdings fragen, ob man den Medien dies vorhalten sollte, solange Partner gierig romantische Ideale und Erlösungsversprechen in sich aufsaugen.

Ich habe im Vorübergehen aus dem Zeitschriftenständer meines Supermarktes einige Illustrierte gegriffen und möchte Ihnen die Ausbeute in Form einer kleinen Rundreise durch die vielfältigen Möglichkeiten der Traumpartnersuche präsentieren. dass sich diese Artikel in erster Linie an Frauen wenden, ist wohl dem Umstand geschuldet, dass sie den Hauptanteil der Käufergruppe dieser Magazine bilden.

Fangen wir dort an, wo die meisten Partner beginnen, nämlich bei der »**Kunst, den Mann fürs Leben zu finden.**«[114] In diesem Beitrag werden vier Wege zum Traumpartner nahe gelegt. Da wäre zunächst die *John-Gray-Methode*, für deren Verbreitung der bekannte Buchautor in Deutschland dreizehn Trainer lizensiert hat. Diese Lizenznehmer der Weisheit sind gegen entsprechende Bezahlung gerne bereit, die geheime Kunst, »Mr. oder Mrs. Right« zu finden, in einem achtstündigen Workshop zu vermitteln. Denn der clevere John Gray hat berechnet, dass jeder Mensch ziemlich genau »2000 mögliche Beziehungspartner« hat. Nun, diese sollten in acht Stunden zu finden sein, zumindest theoretisch. Damit rückt die mathematisch fundierte Lösung des Partnerproblems scheinbar sicher in greifbare Nähe.

Doch wahrscheinlich muss man Amerikaner sein, um solchen Methoden nicht skeptisch gegenüberzustehen. Für Europäer empfiehlt sich wohl eher *Die Astro-Dinner-Methode*, die eine Kölner »Wunschtraumagentur« anbietet, indem sie die Auswertung der Geburtshoroskope mit einem gemeinsamen Dinner verbindet. Die Sterne können nicht lügen, und Liebe geht bekanntlich durch den Magen. Folglich kann die Anbieterin kühn verkünden: »Die Trefferquote ist deshalb hoch, weil ich mit dem Termin warte, bis die Konstellation der Paare perfekt ist.« Bekanntlich haben sich bereits Sterne geirrt.

Wer sich daher nicht auf diese Methode verlassen will, kann durch *Die Psycho-Methode*, eine Form der Kurzzeittherapie, unmittelbar »ans Eingemachte« gehen und erkennen, wonach er sich sehnt. Denn obwohl so kurz, geht diese Methode ganz besonders weit und erreicht selbst tiefste Schichten des Unterbewusstseins. Daher ist sie sicherlich erfolgreich, und die Therapeutin beteuert: »Ich bin oft zu Hochzeiten eingeladen.« Na also – nichts wie hin zur Kurzzeittherapie.

Hoffnung gibt es aber auch für jene, die sich derartige kostspielige Strategien nicht leisten wollen. Sie können auf *Die Multimedia-Methode* ausweichen und beim Single-Forum eines Internetproviders unter zahlreichen Inseraten auf Schatzsuche gehen. Zugegeben, dort den Traumpartner zu finden ist nicht einfach. Wenn es beim ersten, zweiten oder dritten Mal nicht klappt – nicht gleich aufgeben. Jeder hat unendlich viele Versuche frei. Daher können selbst Singles, die im Internet noch kein Glück hatten, weiter hoffen. Denn eine andere Zeitschrift verspricht nun entschieden und endgültig »**Hier finden Sie Ihren Traumtyp!**«[115] Dazu werden in Anzeigen »... 700 Männer zum Verlieben« angeboten für Frauen, »... die einen Prinzen suchen«. Diese Frauen bekommen, sobald sie eine Anzeige aufgeben, garantiert »... jede Menge Liebesbriefe«. Da hat Frau, wenn schon keinen Partner, wenigstens etwas zu lesen. Alternativ können Frauen aber auch während einer »Fit for Fun«-Single-Reise den Mann des Lebens kennen lernen. Das sind wahrlich traumhafte Bedingungen: Im Urlaub kann man den Auserwählten gleich ausprobieren und bei Nichtgefallen an Ort und Stelle umtauschen!

Sie meinen, so etwas könne nicht funktionieren? Da liegen Sie ganz falsch. Denn da mehr als 50 Prozent aller bundesdeutschen Haushalte von Singles gebildet werden und sich alle, glaubt man den Medien, unablässig auf der Suche nach dem Traumpartner befinden, darf man in seinen Bemühungen nicht nachlassen, sonst wird einem der Richtige vor der Nase weggeschnappt.

Apropos vor der Nase. Vielleicht ist die ganze Angelegenheit doch einfacher, und man kann die anstrengende Suche in der Ferne einstellen. Die Erlösung liegt nämlich viel näher, als man zu hoffen wagte, wie es einer der »9 Sex-Tipps«[116] unter der Überschrift »Sex mit dem Kumpel« nahe legt. Denn die kluge Psychologin dort weiß: »…Gemeinsamkeit macht Liebe, nicht Verschiedenheit. Und mit ihrem besten Freund haben Sie viele gemeinsame Themen, Hobbys, Ansichten. Es ist leichter, zur Freundschaft Sex zu addieren, als zum Sex Freundschaft. Wer sich im Bett richtig fallen lassen will, braucht großes Vertrauen, und vertrauen können Sie ihrem Kumpel … Vielleicht wird die Beziehung dann nicht so stürmisch. Aber dauerhaft.«

Das klingt einleuchtend und vernünftig und vor allem praktikabel. Freundschaft ist schon da, und dann fügt man einfach Sex hinzu. Da hätte man fast selbst draufkommen können. Aber halt! Die Sache hat leider den Haken mit dem nicht so stürmischen Sex. Auf den will ja keiner verzichten, und der soll ja die Beziehung einmal tragen.

Kein Problem, keine Panik! Das regelt sich von selbst, denn eine Umfrage ergab: »Mehr Männer als Frauen finden die These, ›Nach einigen Jahren erlischt das erotische Interesse am anderen automatisch‹ unzutreffend.« Und, zu schön um wahr zu sein, behaupten angeblich die meisten Männer, und zwar satte 72,2 Prozent: »Der Sex wird mit der Dauer der Beziehung besser!«[117]

Man hatte es schon geahnt, nur nicht gewagt, es auszusprechen: Der deutsche Mann wünscht sich nichts so sehr, als treu zu sein, damit sein Sex immer besser wird. Vielleicht geht es Ihnen genauso wie mir, und Sie gehören gerade zu den 27,8 Prozent (nebenbei, das muss

170

eine verteufelt genaue Umfrage sein, die sogar Stellen hinter dem Komma berücksichtigt), mit denen etwas nicht stimmt, die unfähig sind, ihre Partner zur Treue zu führen, oder die einfach zu dumm sind, den Traumpartner zu finden, mit dem es immer schöner wird. Und da soll man nicht den Glauben an die Liebe verlieren!

Auch für diejenigen, die bereits vom Glauben abfielen und sich nun mit ihrem Durchschnittspartner bescheiden, gibt es jetzt neue Hoffnung! Denn man kann den Jetzigen ja zum Richtigen machen, eben zum gewünschten Traumpartner modellieren. Das ist viel ökonomischer, als sich suchend durch die Welt zu tasten. Warum sind wir da nicht früher draufgekommen? Weil wir die ultimative Anleitung für alle Frauen »**Mann, ändere dich! Umerziehen leicht gemacht**«[118] nicht kannten und nichts von den »Zehn wirkungsvollsten Strategien. Erfolg garantiert« der Verhaltensmanipulation und der Möglichkeit, den Partner als »Projekt« zu sehen, wussten. Wer bei diesem Erziehungsprojekt alles richtig macht, lenkt den Partner mühelos in die gewünschten Bahnen. Na also, es geht doch!

Nun wäre es allerdings nicht verwunderlich, wenn der erfolgreich umerzogene und unbemerkt dressierte Mann in unbewusster Gegenreaktion sexuell reservierter und zurückhaltender wird. Das macht aber rein gar nichts, denn in dem Falle hilft, zumindest Frauen, ein »**Verblüffender Report**«[119]: über *Die geheimen Lustzonen der Männer*. Wozu schließlich haben Männer »Geheime Lustschalter«, von denen nicht einmal sie selbst wissen? Da sollte Frau nicht lange fackeln, sondern schnell den Hebel umlegen. Auf keinen Fall aber vorher das »Erotische Warm-up« vergessen, um den »Countdown« rechtzeitig zu starten.

Bringt die Betätigung geheimer Lustschalter den Mann nicht auf die gewünschten Touren, führt der »Erotik-Guide: 100 Spiele, die Männer und Frauen scharf machen«[120] ganz sicherlich aus der sexuellen Flaute heraus, und zwar mit Anregungen für »Sünde, Sinnlichkeit und verbotene Experimente, die Ihnen schlicht den Verstand rauben«.

Sollte das Ergebnis dieser Bemühungen immer noch nicht den Erwartungen entsprechen, und sollte noch genug Verstand übrig bleiben, um das zu realisieren, dann bleiben zur Rettung in höchster sexueller Not die »Sex-Toys im Test«[121], mit denen es Frau auch ohne Mann »einfach kommen lassen« kann. In ihren Fantasien verfügt sie nun endlich über einen wahren *Traum*-Mann, der durch den »Fürst der Nacht«, den »Stachelüberzieher«, die »Itch-Cream«, den »Butterfly« oder »Geisha-Kugeln« onanierend zum traumhaften Leben erweckt wird und wahren, ungetrübten Liebesgenuss verspricht. Ermattet, nicht erlöst, bestenfalls amüsiert, lehnen wir uns zurück: So also sieht das Ziel aller Träume aus? Das ist die Unterstützung bei der Suche nach dem Traumpartner: Ein Bombardement von Halbsinn, Unsinn, Schwachsinn – zusammengestellt aus einem unvollständigen Querschnitt nur *einer* Zeitschriftenwoche.

Desillusionierung

Glaubt man den Medien auch nur entfernt, dann gehört Sex ohne jeden Zweifel zur guten Lebenspartnerschaft, und natürlich haben alle anderen Paare oft und häufig Sex. Die Wirklichkeit der Partnerschaften sieht anders aus. Den Traumpartner, den sagenumwobenen Mr. oder Mrs. Right, gibt es – aber nur für Wochen oder Monate, manchmal sogar für einige Jahre. Dann greift die Dynamik der Lebenspartnerschaft. Aus Verliebtheit wird Liebe und diese wird, je intimer und vertrauter, desto unspektakulärer und leidenschaftsloser. Aus der Traum.

Das wäre nicht weiter tragisch, wenn diese Entwicklung als normal und positiv angesehen würde, wenn nicht die ständige Wiederholung der Erlösungslüge das Gegenteil behaupten würde. Mit angeblich glücklichen Vorzeige-Partnern wird von den Medien der Eindruck erweckt, all die schönen Ideale seien machbar. Ohne Unterlass werden Traumpaare präsentiert, die vor Liebe und Leidenschaft platzen, Traumhochzeiten feiern und die Klippen der Ehe sicher umschiffen. Wenn die in den Himmel gehobenen Sternchen nach kurzer Zeit hart auf der Erde aufschlagen, heißt es nur noch lapidar: »Sie galten als Traumpaar. Wie konnte das geschehen?«, und das Beziehungsende wird als völliges Rätsel und großes Drama dargestellt. Boris Becker und seine Frau Barbara waren eines jener Traumpaare, die über Jahre als Beweis für die Wiederauferstehung der Ehe und die neue Sehnsucht nach Treue und Zweisamkeit gefeiert wurden. Nun, da »Babs« und »Bobbele« sich trennten und es um die Millionen geht, fallen Medien und Leser aus allen Wolken, und es wird fieberhaft danach gesucht, was die beiden »falsch« gemacht haben.

Schon äußern sich Psychologen und Therapeuten zum Fall und finden Probleme und Lösungen, die auch dem Leser weiterhelfen sollen. Die ständigen Vorspiegelungen, dass Partner, wenn sie sich nur genügend bemühen, ihre romantischen Sehnsüchte erhalten und erfüllen können, macht es schwer, die Erlösungslüge zu erkennen. So ist der Wunsch nach der allumfassenden Liebe und dem Traumpartner kaum totzukriegen, auch wenn Realität und Erfahrung etwas anderes lehren.

Statt an ihren Träumen, zweifeln die Gläubigen der *wahren* Partnerschaft lieber am Partner. Dann beginnen quälende Machtkämpfe, der Partner wird zunehmend kritisiert, ausgiebig wird Schuld gesucht und zugewiesen und die Beziehung in diesem unwürdigen Kampf Stück für Stück abgewertet und abgebaut. Oder der Partner wird umerzogen, durch Nörgelei oder psychologische Kriegführung. Und für all das muss die Liebe herhalten und Rechtfertigung sein.

So suchen dem romantischen Ideal verpflichtete Partner weiter, bis ihnen irgendwann die Luft ausgeht. Bis sie nach der fünften oder zehnten *wahren* Liebe das Karussell der Partnerschaft nicht länger antreiben können. Dann sind sie desillusioniert und können den Traum nicht länger halten. Erst jetzt reduzieren sie ihre Ansprüche an die Beziehung. Und je weniger Überzogenes sie erwarten, desto eher wird der Jetzige der Richtige, weil er allemal besser als der Vorherige und in jedem Fall besser als Keiner ist. Und dieser Art Entspannung tut letztlich der Beziehung gut.
Wird das Ideal der romantischen Liebe jedoch aufrecht erhalten, bleibt nur dauerndes Beziehungshüpfen oder der endgültige Abschied von Beziehung überhaupt. Dann wäre eine Lebenspartnerschaft unerreichbar und Verzicht und Einsamkeit blieben als einzige Alternativen.
Ich wünsche daher allen, die der Erlösungslüge erlegen sind und sich auf Traumpartnersuche befinden, beizeiten die folgende Erkenntnis, bevor sie die Hoffnung auf eine Lebenspartnerschaft ganz aufgeben: Ein berühmter Mann war das ganze Leben lang auf der Suche nach der perfekten Partnerin. Als er achtzig Jahre alt war, wurde

er von einem Journalisten gefragt, ob er diese Frau jemals gefunden habe. »Ja«, lautete die nachdenklichtraurige Antwort, »ich bin ihr begegnet. Damals war ich gerade vierzig. Aber leider suchte auch sie den perfekten Partner.«

Lüge Nr. 4: Die Techniklüge

Die vierte der Liebeslügen ist die modernste. Sie versichert:

Dauerhaft befriedigende Sexualität in der Partnerschaft erfordert ausführliches Wissen um ihr Funktionieren und entsprechendes Beherrschen ihrer Techniken.

Wer die raffinierten Praktiken und angeblichen Geheimnisse der sexuellen Liebe kenne und beherrsche, erhalte so Begehren und Leidenschaft in der Beziehung lebendig. Diese moderne Lüge wird vor allem von Sexualwissenschaftlern, Psychotherapeuten und esoterischen Tantrikern verbreitet. Durch bestimmte Praktiken, Übungen und Erfahrungen wird eine zufrieden stellende, anhaltende, sich steigernde höhere oder gar göttliche Sexualität in der Partnerschaft versprochen.

Die Konsequenzen dieser Liebeslüge lauten: Anstrengung und Leistungszwang in der sexuellen Begegnung. Sexualität als Arbeit und Befriedigung als wechselseitige partnerschaftliche Verpflichtung.

Techniken der Leidenschaft

Techniken der Liebe und besondere Raffinessen der Liebeskunst haben sich, unter dem Diktat christlicher Moral, außerhalb der Ehe entwickelt. Schließlich war die

Ehe in erster Linie der Kindszeugung und der Sicherung der Familie gewidmet. Sexualität in der Ehe wurde zwar als gegenseitige Verpflichtung der Eheleute angesehen, jedoch »Die Lust sollte ›gelöscht‹, nicht erhöht und verlängert werden.«[122]

Die Fähigkeit sexueller Luststeigerung wurde folglich von Kurtisanen, Hetären und Huren kultiviert, die die Liebesabenteuer suchenden Männer mit ihren Künsten geradezu »verrückt« machten. Gerade das Mittelalter und die aufkommende Stadt zeigten eine außerordentliche Blüte sexueller Kunstfertigkeiten, die gleichermaßen der heterosexuellen und der homosexuellen Liebe galten. Auch an den Höfen erfreute sich die Verfeinerung sexueller Freuden größter Beliebtheit, und die Romantik ließ mit ihrem androgynen Ideal sogar die sexuelle Rollenteilung hinter sich. Bis dahin waren dem Mann vorwiegend das aktive und der Frau das rezeptive Verhalten im sexuellen Kontakt abverlangt.

Da erotische Befriedigung auf Grund Lust steigernder sexueller Techniken außerhalb der Dauerbeziehung stattgefunden hatte, war es nur eine Frage der Zeit, bis diese Lusttechniken in die Ehe importiert wurden. Das geschah allerdings nicht freiwillig oder aus plötzlicher Lustfreundlichkeit heraus, sondern aus Not. Zum Bedauern der Kirche mussten die alten Grundsätze (»Nichts ist schändlicher, als seine eigene Frau wie eine Mätresse zu lieben.«[123]) zur Rettung der Ehe aufgegeben werden, nachdem deutlich wurde, wie sehr die Eheinstitution im gewandelten gesellschaftlichen Umfeld durch das eheliche Lustverbot gefährdet war.

Erste systematische Schritte dazu, die sexuelle Öde der Ehe zu beenden, wurden zu Beginn des 20. Jahrhunderts unternommen, als die junge Wissenschaftsdisziplin der

Sexualforschung[124] erstmals Untersuchungen zu Sexualtechniken in der Ehe vornahm.[125] Eine weitere Verbreitung der Erkenntnisse des neuen Forschungszweigs kam jedoch erst nach dem Zweiten Weltkrieg durch den Kinsey-Report und durch die Arbeit von William Masters und Virginia Johnson richtig in Schwung.

Masters und Johnson werden als die Pioniere der heutigen Sexualtherapie betrachtet. Auf Grundlage breit angelegter empirischer Untersuchungen blieben ihnen die sexuellen Zustände in Partnerschaften natürlich nicht verborgen. Als Ursache der ehelichen sexuellen Öde diagnostizierten sie verbreitete Unwissenheit über die physischen Zusammenhänge sexuellen Erlebens und ausgeprägte Orgasmushemmungen. Daher definierten sie alsbald sexuelle Gesundheit als die Fähigkeit, Orgasmen zu erleben, und riefen so genannte Orgasmuskliniken und Therapieprogramme ins Leben. Damit war der gemeinsame Orgasmus offiziel zum Ziel partnerschaftlicher Sexualität erklärt. Dieses Ziel sollte durch Aufklärung, verhaltenstherapeutische Maßnahmen und Methoden der Sensibilisierung/Desensibilisierung in praktischen sexuellen Übungen erreicht werden.

»Wissenschaftlich fundiert« wurde der Orgasmus damit zum Nonplusultra sexuellen Glücks erklärt und zur Pflicht ausgerufen. Von da an waren die Partner einander nicht nur Sex, sondern ebenso erfüllende Orgasmen schuldig. Dieser Mythos hält sich bereits seit mehr als fünfzig Jahren, und daher verwundern die Worte einer Klientin aus dem Jahr 2000 nicht, die rückblickend auf ihre gescheiterte Beziehung feststellt: »Wir hatten nie eine gute Beziehung, weil ich nie einen Orgasmus hatte.«

Zwar gibt es schon seit längerem Tendenzen, die verbreitete Orgasmusfixierung aufzulösen und als einzigen

Maßstab nicht die wissenschaftlichen Definitionen sexueller Gesundheit, sondern nur den Maßstab des Paares gelten zu lassen, doch wird am Begriff der sexuellen Störung festgehalten.[126]

Solange beide mit Häufigkeit und Qualität ihrer sexuellen Verbindung zufrieden sind, ist alles im grünen Bereich, gleich ob einmal im Jahr oder jeden Tag.[127]

Leider werden die Stimmen solcher undogmatischen Sexualtherapeuten bisher kaum wahrgenommen. Die höchste Erfüllung scheint für viele Experten, und zumindest im Bewusstsein der Partner, nach wie vor im Orgasmus zu liegen. Dieser ist allerdings nicht schlichter Orgasmus geblieben, sondern wird mittlerweile nach Dauer und Intensität unterschieden. Die Skala reicht vom »absoluten« bis zum »flachen«, vom »einfachen« bis zum »multiplen« Orgasmus.

Wer da glaubte, als aufgeklärter und sexualerfahrener Mensch bereits mit allen wesentlichen Befriedigungspraktiken vertraut zu sein, irrt sich gewaltig. Und auch wenn die heutige Sexologie allmählich von der rigiden Orgasmusfixierung abrückt, behält sie doch das Ziel gegenseitiger Befriedigungsverpflichtung im Auge, das es überhaupt erst rechtfertigt, sich »… ganz auf Lustunfähigkeit und missglücktes Luststreben zu konzentrieren«.[128]

Die Sexualwissenschaft steht heute vorwiegend im Dienst von Ehe oder Lebenspartnerschaft, denn dort findet sie ihr Wirkungsfeld und ihre Berechtigung in der Analyse und Ursachenforschung der weit verbreiteten sexuellen Unlust, die als Störung diagnostiziert und damit der Therapie zugänglich gemacht wird. Dieser Unlust wird nun mit teilweise erstaunlichen Methoden zu

Leibe gerückt und entgegengearbeitet, von denen André Béjin auf zwei besonders hinweist:

Die erste besteht in einer bemerkenswerten wissenschaftlichen »Rehabilitierung« der Prostitution, die – wie man uns sagt – unter sexologischer Kontrolle ... zur Vorbeugung oder Behandlung sexueller Funktionsstörungen dienen könne. Die zweite ... besteht in einem Bruch mit der Pathologisierung der Onanie.[129]

Das ist in der Tat bemerkenswert. Der ehelichen und partnerschaftlichen Unlust wird mit Mitteln nichtehelicher und nichtpartnerschaftlicher Sexualität, mit Prostitution und Onanie unter »sexologischer Kontrolle« zu Leibe gerückt. Die Sexualtherapie borgt sich ihre Werkzeuge also auf dem »freien Markt der Liebe«. Wie Martin Dannecker kritisch beschreibt, wird versucht, den vergangenen Zustand des Fremdseins wieder aufzubauen, der zu Beginn der Partnerschaft ganz ohne Arbeit für sexuelle Spannung sorgte:

Der Sexualität soll das Verruchte, Unerlaubte, Anstößige wieder zugeführt werden, das sie im Laufe der Zeit verlor. Dazu wird das Verbot, in welcher Weise auch immer, in Szene gesetzt. Ob das nun durch ein Negligé ... durch geile Reden ... oder durch die gespielte Verweigerung ...geschieht ...[130]

Des Nachts verwandeln sich Ehemann und Ehefrau in Hure und Freier und beleben so ihr müde gewordenes Begehren. Paradox: Die so genannte sexuelle Reife *in* der Beziehung soll durch die Inszenierung angeblicher sexueller Unreife und angeblich kindlich-pubertären Erlebens gesichert werden. Da wäre es ehrlicher, Eheberatung durch Prostituierte durchführen zu lassen – aber so weit wollen Sexualwissenschaftler dann doch nicht gehen.

180

Damit derartige Inszenierungen gelingen, muss jedoch mit weiteren neuerding so bezeichneten »Vorurteilen« aufgeräumt werden, beispielsweise mit der Überzeugung, Sexualität müsse spontan geschehen. Der aufgeklärte Sexualtherapeut glaubt nämlich nicht, dass Begehren vom Himmel fällt, sondern dass es förderliche »Rahmenbedingungen« braucht. Nun, diese sind eigentlich einfach herzustellen, wie folgender, zugegeben konstruierte, Dialog zeigt, der allerdings auf konkreten sexualtherapeutischen Ratschlägen basiert:

»Was hältst du davon, wenn wir den Donnerstagabend zum Abend der Leidenschaft erklären und für reichlich Begehren sorgen? Wir halten uns die Zeit von 19 bis 22 Uhr frei, schicken die Kinder ins Bett, lassen schöne Musik laufen und versprühen einen anmachenden Duft. Ich besorge den neuesten Porno, und du bringst jedes Mal eine neue Stellung oder eine Übung aus den vielen Ratgebern mit.« – »Eine tolle Idee, Liebling. Mir wäre aber der Sonntag lieber, weil Donnerstag Bowling ist. Und weil wir Sonntag in der Kirche waren, könnten wir abends gleich ein bisschen sündigen. Das macht es dann noch prickelnder!«

So oder ähnlich mag die Schaffung der Rahmenbedingungen in der verabredeten partnerschaftlichen Sexualität aussehen. Das Beispiel ist indes nicht so weit hergeholt, wie es scheinen mag. So empfiehlt der »Stern« in einem Aufruf »Rettet den Sex« schlicht und einfach »Macht es öfter!« und begründet dies folgendermaßen:

Nicht auf den großen Augenblick warten – es einfach tun. Der Zaubermoment, in dem die Lust beide übermannt und sich alles von selbst erledigt, wird sowieso nicht kommen. Nicht im Alltagswust, zwischen »Tatort«-Kommissaren, Pampers und Bürostress. Deshalb sollte man die Stunden der Lust sorgfältig planen. Motto: Heute Abend um zehn im Bett? Ich bringe den Wein mit, du sorgst für Kerzen.[131]

Das ist die Antwort auf die im Artikel gestellte Frage »Wie Paare die Erotik retten können«. Wie das geht? Ganz einfach: Sorgfältig planen und es öfter machen! Natürlich sind Verabredungen zum Sex möglich. Das wird niemand bestreiten, denn Verliebte tun dies ja ständig. Aber sie tun es vor dem Hintergrund drängender Lust und nicht vor dem Abgrund drohender Langeweile. Ob die Verabredung zum Begehren und die Machbarkeit von Verlangen, wie die Sexualtherapie sie vorschlägt, auch in der Langzeitbeziehung möglich und wirkungsvoll ist, mag man bezweifeln. Natürlich sollten Partner dies zumindest versuchen, aber möglicherweise erweist sich der beschriebene Sextag am Ende als Sexkiller, weil die Verpflichtung nicht aus dem Erleben rauszunehmen ist.

Sexualtherapie hat Dauerpartnern indes wesentlich mehr zu bieten als Verabredungen und Verhaltensrituale. Nämlich eine große Skala ausgefeilter Anregungen und praktisch erprobter Übungen. Diese reichen vom plumpen »Empfangen Sie ihren Mann doch mal im Höschen« über den extravaganten Vorschlag, es doch mal »In der Natur zu tun« bis zur Anwendung raffinierter Techniken.

Lonnie Barbach, eine amerikanische Sexualtherapeutin der Medizinischen Fakultät der Universität von Kalifornien, schlägt ganz besonders aufregende Praktiken der Liebe vor und liefert gleich das Kleingedruckte mit:

»Ob Sie sich nun seit 50 Tagen oder seit 50 Jahren lieben: [Die Übungen] werden Ihrem Sexualleben Würze, Weite und spielerische Freude geben.« Allerdings ist »...das Wichtigste,

182

... das Abenteuer in Ihrer sexuellen Beziehung wahrzunehmen und Spaß daran zu haben.« Und: »Denken Sie immer daran, Ihre Lust genüsslich auszukosten.«[132]

Fühlen auf Rezept also. Das alles klingt genauso hilflos, wie die angebotenen Übungen es zu sein scheinen. Aber nicht meckern, selbst ausprobieren und deshalb an dieser Stelle hinein ins fröhliche Vergnügen, beispielsweise mit einer im Buch zitierten Übung von Bernie Zimbergeld, einem ebenfalls bekannten amerikanischen Sexualtherapeuten.

In der empfohlenen Übung, die den viel versprechenden Titel »Zutaten für großartigen Sex« trägt, findet man durch ein kleines Interview zuerst die sexuellen Vorlieben des Ehepartners heraus. Eben das, was dieser seit zwanzig Jahren nicht zu äußern wagte. Wundersamerweise wird ihm dies mithilfe des kleinen Interviews endlich gelingen. Beispielhaft nach Lonnie Barbach wären: »Mindestens eine Stunde freie Zeit haben – ausgeruht sein – an den Zehen saugen – an den Haaren ziehen – Sex im Wohnzimmer auf dem Teppich vor dem Kamin«. Als Nächstes fertigt man eine schriftliche Liste der Vorlieben des Partners an, und beim nächsten Mal »...integrieren Sie zwei Punkte aus der Liste« in den sexuellen Kontakt und vor allem »vergessen Sie nicht, ... ein oder zwei Dinge aufzunehmen, die Ihnen ein wenig verrucht oder außerhalb der Norm erscheinen«.

Das wird ganz sicher großartiger Sex! Man könnte sogar selbst kreativ werden, die Übung erweitern und als Akt besonderer Verruchtheit und akzeptabler Perversion den Zeh des Partners an der Klitoris reiben. Das ist sicherlich außerhalb der Norm und wirkt daher besonders erregend und belebend.

Wenn das aber nicht ausreicht, jetzt nicht gleich aufgeben, sondern weiter fleißig üben auf den von Lonnie Barbach aufgezeigten »Wegen zu neuer Lust«, um Perfektion zu erreichen in der Kunst, »ein glückliches Paar zu bleiben«. »Machen Sie ein Rendezvous mit ihrer Frau aus«; oder wie wäre es mit einer »Massage« oder »der Ver- und Entschleierung des Körpers« oder »einem Picknick im Bett«, »Erotischen Videos« oder dem »Verborgenen Verbotenen«? Wie anregend. Warum auch nicht; man kann all das ausprobieren. Aber immer wieder? Über Jahre?

Wem das zu willkürlich und oberflächlich erscheint, und wer keine Lust auf sexualtherapeutische Gymnastik und Verkleidungsspiele hat, der versucht es eben auf andere, auf psychologisch fundierte Weise. Denn schließlich haben viele Partner bloß » ... vergessen ... wie anziehend sie einmal füreinander waren ...«[133]
Welch niedliche Verharmlosung! Aber auch darin liegt ein verlockender Gedanke. Partner haben die Leidenschaft einfach »vergessen«. Nach zwanzig Jahren Ehe »erinnern« sie sich nun wieder daran, oder vielmehr der Therapeut sorgt für diese Erinnerung. Und tatsächlich können wir diesen Ansatz in etlichen Eheberatungen entdecken. Der entsprechende Fachbegriff dieses wundersamen Erinnerns lautet *Umdeutung* oder *Neudeutung* oder neudeutsch *Refraiming*. Demnach muss die partnerschaftliche Sexualität lediglich eine neue Bedeutung erhalten, dann erhebt sie sich wieder. Solch eine neue Bedeutung wäre beispielsweise, sie als Ausdruck der Liebe zu werten und dann dem Partner zu geben, was er braucht (siehe auch *Sexologen am Werk* auf Seite 93).
Wer an derartige psychotechnische Rekonstruktion der Leidenschaft glaubt, fällt leicht einem NLP-Anwender[134]

in die Hände und gerät damit in die Klauen der amerikanischsten aller Methoden. Nun bekommt er neben der Aktivierung vergessener leidenschaftlicher Ressourcen zusätzlich auch Unterstützung darin »… eine Zukunft zu gewinnen, in der jeder die Freiheit und Power hat, seine Emotionen frei zu wählen«.[135]
Wunderbar! Also ist doch *alles* machbar! Gefühle, Leidenschaft, Begehren. Wir müssen es nur wollen! Das sind wirklich gute Nachrichten! Leider führen diese mehr oder weniger angestrengten Versuche, sinnliches Erleben um jeden Preis zu reaktivieren, meist nicht zu den gewünschten Ergebnissen.

Ein Mann: »Nachdem ich meine Frau nicht mehr attraktiv fand, was sich unter anderem an ihren hängenden Brüsten festmachte, einigten wir uns in der Beratung darauf, dass sie beim Sex einen Büstenhalter trug, der von unten stützte. Das hat mir zwar zuerst gefallen, aber dann konnte ich ihr nicht in die Augen sehen, weil ich nicht vergessen konnte, dass es doch meine Frau ist. Ich wollte dann nur noch von hinten. Aber auch dabei fühlte ich mich nicht gut, denn im Grunde habe ich sie und mich zu betrügen versucht. Sie sollte eine andere darstellen, als sie ist, und das empfand ich für mich und für sie als unwürdig.«
Die Frau dieses Mannes bemerkte, nachdem sie sich auf eine außereheliche Affäre eingelassen hatte: »Es war wohl eher die Gewohnheit, die störte. Dem anderen Mann haben meine Brüste gefallen. Seitdem lasse ich mich nicht mehr auf solche sexuellen Spielchen ein.«
Können sexualtechnische Rezepte überhaupt funktionieren? Sicherlich werden Techniken und Übungen den einen oder anderen Befreiungseffekt haben, jedoch ge-

raten sie früher oder später zu neuer Routine und sexueller Langeweile, denn auch der zweite Frühling wird zu Ende gehen. Dann mag alsbald die Furcht aufkommen: »Gleich saugt er wieder am Zeh oder zieht an meinen Haaren!« Oder die grausige Ahnung entsteht: »Jetzt geht es schon wieder auf den Teppich vor den Kamin.«

Doch sollten wir mit Kritik nicht zu vorschnell sein. Wahrscheinlich sind solche Sexualübungen lediglich zu einfach und nicht ausgefeilt genug. Es muss mehr möglich sein. Denn wer wahrliche Höhen sexuellen Genusses erklimmen und die Leidenschaft für ewig an die Beziehung binden will, muss viel tiefer in die Geheimnisse der Lust eindringen und lernen, lernen, lernen. Nur dann erschließen sich die letzten Geheimnisse der Sexualität, und diese Urkraft des Lebens gerät vollständig in die Hände der Partner.

Das Ende sexueller Geheimnisse

Noch vor fünfzehn Jahren waren Informationen zu spezifischen, sexuelle Lust steigernden Techniken nur in Orgasmuskliniken, sexualtherapeutischen Seminaren, Tantrakursen und in der Psycho- und Esoterik-Ecke der Buchhandlungen zu finden. Heute ist das anders. Da hat sogar die »Bild«-Zeitung die Zeichen der Zeit erkannt und ist bereit, in einer Serie »Die letzten Geheimnisse des Sex«[136] dieselben endgültig zu lüften und der Entweihung preiszugeben. Zum Thema »Orgasmus – die Explosion von Körper und Sinnen, die Männer und Frauen glücklich macht« werden ultimative Erkenntnisse der Sexualforschung präsentiert. Denn eine amerikanische Forscherin hat herausgefunden: »Jeder Mann kann multiple Orgasmen haben. Sie sind sogar besonders intensiv.« Also dann, Männer, macht euch auf etwas gefasst, denn »... Männer müssen lernen, Orgasmus und Ejakulation voneinander zu trennen«, und »nach einem trockenen Orgasmus kann der Mann sofort weitermachen ... so oft wie es ihm oder ihr gefällt«.

So oft er beziehungsweise sie es will? Verwunderung bei den Frauen, die bisher über den »schnellen Mann« klagten. Denn das Trainingsprogramm für den orgasmusbewussten Mann ist kein Spaziergang. Es bedeutet harte Arbeit an der Unterleibs- und Penismuskulatur (speziell des Pubococcygeus-Muskels oder PC-Muskels). Dazu wird eine detaillierte Anleitung geboten: Der Mann beginnt mit Kontraktionen des PC-Muskels zunächst im Rhythmus von 3 mal 20, später 20 mal 10 Mal, und schließlich zieht er als Fortgeschrittener den Muskel fünf Sekunden am Stück fest an. Das gilt es so lange zu üben, bis der trockene und multiple Orgasmus unmittelbar bevorsteht. Und jetzt schnell die PC-Pumpe anschmeißen, damit der Orgasmus nicht verschleudert wird, sondern trocken bleibt und es immer weiter geht. Das klappt und hilft der Ehe, da »Prostituierte speziell in fernöstlichen Ländern schon seit Jahrhtausenden diese Methode kennen«. Und wieder einmal soll die Prostitution der ehelichen Liebe helfen.

Sie zweifeln an der Wirksamkeit solcher sexualtechnischen Fitnessprogramme und an den »letzten Geheimnissen« der Sexualität? Aber das war noch lange nicht alles. Es gibt noch viel mehr zu entdecken, und schon morgen geht es weiter in »Bild« mit dem »Tabuthema Prostata« und der alles erschütternden Frage: »Können Männer auch rückwärts ejakulieren?«

Bodybuilding für den Penis und Ausdauertraining für den trockenen Orgasmus, vorwärts- und rückwärtsejakulieren, einfache und multiple Orgasmen, Techniken, die zum Wahnsinn treiben – werden wir nach Mr. und Mrs. World auch Mr. und Mrs. Orgasmus bekommen? Werden Wettbewerbe in Selbstliebe und Orgasmusausdauer stattfinden, in den Kategorien Berg- und Talorgasmus, in Pflicht und Kür sexueller Begegnung? Wann wird das Guinessbuch den längsten je erreichten Plateauorgasmus, der kaum mehr aufhört, dokumentieren? 1960 erschien unter dem Titel »Küssen – aber wie?«[137] ein Ratgeber, der es auf immerhin 110 Seiten brachte. Heute sind die Ratgeber und Rezeptbücher verfeinerter und umfassender, und sie lassen nichts aus. An der Gegenwart des Widerspruchs von Lebenspartnerschaft und Sexualität hat sich dadurch nichts geändert, und Beziehungen bleiben deshalb nicht vom Niedergang der Leidenschaft verschont. Im Gegenteil, eine Entseelung droht.

Sind Begierde, Lust und Genuß erst einmal unter Produktivitäts- und Leistungskriterien gestellt, entweicht aus ihnen die Erfahrung nicht nur der Sinnlichkeit, sondern des Sinns; sie kennen einzig noch Techniken und Zwecke.[138]

Jahrhundertelang mussten Partner sich unaufgeklärt und ahnungslos ins Dunkel der sexuellen Welten begeben, klopfenden Herzens die Grenzen ihrer Moral ausloten, sich verwegen durch Verbote und Einschränkungen hindurchkämpfen, durften Sklaven ihres Verlangens sein und sich ihrer Eroberungen freuen und riskierten dabei jederzeit Ablehnung und Entblößung.
Heute sind diese aufregenden Zeiten vorbei. Da können Partner cool und technisch bestens vorbereitet, mit

188

Kompass und Wegbeschreibung für G-Spot und Orgasmuserzeugung, ans Werk gehen und die Sexualität »erarbeiten«. Ein großer Fortschritt der sexuellen Aufklärung und ein Sieg der Technik, die zu neuer Blüte der
Leidenschaft führen wird. Oder sind der Machbarkeit
des Begehrens etwa Grenzen gesetzt?

Hinter dem Rücken ihres aufgeklärten Programmes aber suchen die Menschen nach dem entschwundenen Tabu und inszenieren unablässig kleine sexuelle Dramen. ... (Die sexuelle
Lust) stellt sich durchaus nicht automatisch ein, wenn dem
Sexuellen alle Beschränkungen aus dem Weg geräumt
sind.[139]

Die Versprechen der Liebestechniker erweisen sich
früher oder später als schlichte Liebeslügen. Denn die
Sexualtechniker berufen sich auf Techniken, die zum
Teil viele Tausende Jahre alt sind. Das allein zeigt, dass
sie keine Wunder bewirken, sondern entweder kindlich-
symbiotische Erwartungen wecken und romantische
Ideale aufbrühen oder bestenfalls das partnerschaftliche
Spektrum sexueller Techniken erweitern. Das Begehren
in der Lebenspartnerschaft zu erhalten und zu sichern,
dieses Wunder vollbringen sie wohl nicht. Denn die
Techniken der Liebe und der Prostitution funktionieren
am besten dort, wo sie entstanden sind: außerhalb der
ehelichen Liebe.
Gegen diese Aussage allerdings werden die wahren
Meister sexueller Ekstase, die Tantriker, vehement pro-
testieren. Wenden wir uns ihnen also zu.

»Tantra« – Sexualtechnik für Eingeweihte

Was heute im Westen als Tantra bezeichnet wird, dient der Sensibilisierung fürs erotische und der Verfeinerung sexueller Techniken. Die »Lehrer« dieses Tantra stammen vorwiegend aus der Köpertherapie und der humanistischen Psychologie. Sie verfügen angeblich über höchste Einsichten, tiefste Geheimnisse und verborgenste Weisheiten bezüglich Sexualität und Liebe. Die Vertreter dieser erotischen Erlösungstechniken sind weit gereist, von West nach Ost, haben in den Ashrams Indiens und den Höhlen des Himalajas, bei den Schamanen der Steppen und den Medizinmännern des Dschungels geheimes Wissen gesammelt und können nun, welche Segnung, dieses bislang streng geheime Wissen allen Ratsuchenden zur Verfügung stellen. Die Hüter der tantrischen Weisheiten versprechen beispielsweise:

Wir können erfahren, dass es unser Geburtsrecht ist, orgasmisch zu sein und unser ganzes Leben sinnlich zu erfahren, mit glänzenden Augen, mit Körpern, die vor Freude vibrieren, lachend und verliebt in das Leben – allein oder mit einem Geliebten zusammen, Tag für Tag.[140]

Solche ultimativen Erfahrungen lassen sich allerdings nur von Eingeweihten an »Novizen« vermitteln, und diese beweisen ihre Bereitschaft durch Teilnahme an speziellen Kursen. Hier begegnen sie grundsätzlich dem »Höheren, Besseren«. Sie entdecken »neue« Qualitäten. Es wird versprochen, dass sich ihnen »ungeahnte« Dimensionen eröffnen, Energiedurchbrüche »geschehen«, »reine« Energie sie durchfahren wird, die »heilige« Verbindung von Sex und Herz hergestellt und man damit »In den Garten der Liebe« eingeladen wird.

Tantra wird in aller Bescheidenheit als Weg, ja sogar neue Lebensweise beschrieben. Und die Teilnehmer der Kurse werden in die große Familie der Wahrheitssuchenden aufgenommen.

Wir sind nicht nur tantrische Liebende, Freunde, Lehrende und Lernende, sonder Mit-Schöpfer eines neuen Mythos – einer neuen Seinsform des Menschseins.[141]

Das ist der Beginn einer neuen Epoche, das ist der sichere Weg zur Erlösung. Nach hunderttausend Jahren *Homo sapiens* wird eine neue Seinsform geboten. Nicht wenige Menschen suchen solche paradiesischen Aussichten in der sexuellen Begegnung, und daher findet sich ein reichhaltiges Angebot an Seminaren und bei esoterischen Heilsversprechern. Nicht dass ein Kurs in sinnlicher Sensibilität schaden würde. Sich davon aber ein neues Leben, einen neuen Sinn, ja eine neue Seinsweise zu erwarten oder zumindest die Rettung der Sexualität in der Partnerschaft, ist nicht nur naiv oder dumm, sondern beinah schädlich. Es führt zu Erfahrungen, von denen ein Teilnehmer solcher Seminare berichtet: »Ich lebe in zwei Welten. Meiner Alltagswelt als Verkaufsleiter und der tantrischen Welt in Seminaren und die Assistenz bei Kursen. Die eine ist grau und quälend, die andere farbig und berauschend. Aber ich finde keine Brücke. Es zerreißt mich.«

Dieser Umgang mit den sexuellen Techniken erinnert an die Methoden einiger orientalischer Herrscher des Mittelalters. Diese, wird erzählt, pflegten ihren Leibwächtern unbemerkt Opium einzugeben. Sobald sie aus dem Delirium erwachten, fanden sich die Wächter in luxuriösen Gemächern voller Wein, schönen Frauen, sagenhaftem Luxus wieder und erlebten unbegrenzte sinnliche Freuden. Es war das Paradies. Nach einer Weile wurden sie dann auf gleiche Weise, durch Betäubung mittels Rauschgift, in die harte Realität zurückgebracht. Dort erklärte der Herrscher ihnen, er verfüge über die Fähigkeit, sie jederzeit ins Paradies zu bringen und stellte dies von Zeit zu Zeit unter Beweis. Jedoch kämen sie nur durch ihn direkt, oder indem sie für ihn stürben, an jenen sagenhaften Ort. Auf diese Weise konnte der Herrscher über das Leben seiner Wächter verfügen, die sich auf sein Handzeichen hin jubelnd und erwartungsvoll in den Tod stürzten.

Zugegeben: Subtiler sind die modernen »Paradiesbringer« in ihren Methoden schon, denn sie begnügen sich mit der Kontoüberweisung und fordern nicht das Leben ihrer Opfer. An ihrer Methode hat sich indes wenig geändert. War es früher Opium, das Glück bringen sollte, ist es heute erotische Technik, die dauerhaft vom Widerspruch zwischen Bindung und Begehren erlösen soll. Lügenhafte Täuschung bleibt dies allemal.

Nüchtern betrachtet handelt es sich bei Tantra um entwickelte sexuelle Techniken und bei Tantrakursen um eine Art »Swingerclub auf höherem Niveau«. Eben um organisierte Sexualität und geplante Sinnlichkeit im Rahmen vereinbarter Regeln. Der Unterschied besteht darin, dass Swingerclubs sich als schlichte Ergänzung zum und Abwechslung vom sexuellen Alltag und nicht als Erlösungsforum darstellen. Der Tantriker jedoch geht nicht in den Club, er »… muss mal wieder eine Gruppe machen«. Dort wird auch nicht miteinander geschlafen oder Geschlechtsverkehr betrieben, sondern es begegnen sich Shiva und Shakti mittels Lingam und Yoni. Der Geliebte wird zum Gott, die Geliebte zur Göttin, und statt zu onanieren feiert man »Selbstlieberituale«.

Doch weder Tantra noch sexualtherapeutisch aufbereitete Sexualtechnik, das alles ist nicht in der Lage, die Sexualität in der Beziehung zu retten, es belebt diese bestenfalls für eine Weile. Man kann es an den Experten selbst beobachten, die in serieller Monogamie leben oder den Seitensprung kultiviert haben. Nicht zufällig haben sich William Masters und Virginia Johnson, die Pioniere der Sexualtherapie, 1992 im Alter von 67 und 76 Jahren scheiden lassen.[142]

Das Ende der Sexualität?

Durch die Propagierung sexueller Technik, durch Orgasmusverherrlichung, tantrische Liebeskunst und angewandte Sexualtherapie ist ein neuer Zwang entstanden – der Zwang zur dauerhaften gegenseitigen Befriedigung. Sexualität ist folgerichtig partnerschaftliche Arbeit geworden. Seltsamerweise war solcherlei »sexuelle Arbeit« in der Phase der Verliebtheit kaum notwendig. Wieso wird sie das aber nach einigen Jahren? Die raffinierte Technik soll den durch Gewohnheit abgestumpften Reiz erhöhen. Sie soll eben jenen Verstand »zum Wahnsinn« treiben, der versteht, dass er Alltag erlebt und nicht Abenteuer.

Die Logik der erarbeitbaren Sexualität behauptet, man könnte durch die Technik in den ersehnten Zustand der Leidenschaft und zur gesuchten Erfüllung gelangen, unabhängig von psychischen Anteilen, Verdrängungen, emotionalen Verwicklungen und inszenierten psychischen Dramen.

Warum sollte das mit dem Partner möglich sein? Weil wir vor fünf, zehn oder fünfzehn Jahren einmal verliebt ineinander waren? Dann wäre Verliebtheit nichts anderes als die Tür zu einer verstaubten Kammer des romantischen Ideals vom wahren Partner. Mit dem einzigen Unterschied, dass diese Tür nicht automatisch offen bleibt, sondern ihre Öffnung jedes Mal wieder neu erarbeitet werden muss.

Die viel gepriesenen sexuellen Techniken haben deutliche Grenzen. Ihre sinnvolle Anwendung setzt nämlich voraus, was sie erzeugen soll. Zum einen in ihrer Intensität ähnliche sexuelle Bedürfnisse der Partner, zum anderen eine starke, einander verbindende Leidenschaft. Sonst erfüllen solche Techniken die Aufgabe des/der Prostituierten und führen dazu, dass die Partner sich wechselseitig funktionalisieren. Solche Funktionalisierung mögen Verliebte auf Grund ihrer starken Gefühle füreinander auffangen, die partnerschaftliche Beziehung wird sie kaum ertragen und der Forderung »Liebling, heute bin ich dran« leidenschaftliche Lust, energetische Ladung und begehrliche Empfindungen verweigern.

So taugt die viel gepriesene »erarbeitete Sexualität« bestenfalls zur scheinbaren Besänftigung des Begehrens, und die sexuelle Arbeit gerät zum Stress. Angeblich suchen schon die Männer durch vorgetäuschte Orgasmen einen Ausweg aus der Pflicht und ihre Ruhe. Wann werden sich die ersten Verweigerer der sexuellen Pflichten in heimlichen Zirkeln treffen, wo sie frei von neuer Moral und Aufklärung durch Sexologen, Medien, Psychologen und Tantriker dem dann einzig Verbotenen, dem einzig verbliebenen Abenteuer, der Abstinenz, hingeben können?

Dann wird es wieder spannend. Denn dann hat die Sexualität ihre künstliche, aus Verbot und Funktionalisierung für die Ehe gewonnene und mittlerweile in der Sexualität als »sexuelle Kommunikation« und »erarbeitete Sexualität« völlig überzogene Bedeutung verloren. Dann braucht sie nicht länger als Fundament der Partnerschaft zu dienen und ist wieder zu einem einfachen menschlichen Bedürfnis geworden.

Lüge Nr. 5: Die Partnerlüge

In der fünften Liebeslüge, die ich als *Partnerlüge* bezeichne, *täuschen sich die Partner gegenseitig die Erfüllung ihrer Ideale vor.*
Dazu gehören vor allem Bemühungen, das Begehren zu erhalten, vorgetäuschte sexuelle Erfüllung und geleugnete Frustration. In der Partnerlüge täuschen die Partner aber nicht nur den anderen, sondern gleichzeitig auch sich selbst. Die Konsequenzen der Partnerlüge sind: gegenseitige und eigene Überforderung und dadurch Belastung der Beziehung. Verlust von Ehrlichkeit und Vertrauen und dadurch Distanz zueinander. Abbruch einer Beziehung wegen angeblicher Unzulänglichkeiten.

Den Komplex der Partnerlüge möchte ich mit einem kurzen Beispiel aus der Praxis einleiten. Ein Paar kam, nachdem es eine Sexualtherapie in Erwägung gezogen, dann aber verworfen hatte, in meine Beratung. Dieses Paar befand sich in einer für die Partnerlüge recht typischen Situation.
Die beiden lernten sich vor zwei Jahren kennen. Ihre Beziehung entwickelte sich aus einem wesensmäßigen Interesse, war also zu Beginn nicht auf Sexualität ausgerichtet. Sie erzählten, dass sie sich in der Anfangszeit wie Freunde gefühlt hätten; erst nach etwa einem Jahr wagten sie nach und nach Sexualkontakte, die jedoch nie be-

sonders leidenschaftlich wurden. Diese Partner begehrten einander demnach kaum, entwickelten aber eine intensive seelische Vertrautheit. Seit einigen Monaten hatte sich jedoch ein Ungleichgewicht sexueller Bedürfnisse gezeigt. Der Mann äußerte nun öfter den Wunsch, mit der Frau schlafen zu wollen, während sie nach wie vor kaum an Sexualität interessiert war. Das Begehren des Mannes ergab sich nicht aus der realen Begegnung mit der Partnerin, sondern eher aus seinem Lustbedürfnis und seinen Fantasien, in denen er sich vorstellte, wie es sein könnte, wenn die Frau seine Bedürfnisse teilen würde.

Nun beginnen typische Verwirrungen, die in die Partnerlüge führen. *Sie* sucht körperliche Nähe, also Geborgenheit, möchte aber gleichzeitig sexuelle Aktivität vermeiden. *Er* sucht ebenfalls körperliche Nähe, verspricht sich aber Sexualität und tolle Orgasmen davon, zu denen es nicht kommt, weil seine Partnerin nicht mitzieht. Nun beginnt ein Machtkampf um die Durchsetzung eigener und von denen des Partners unterschiedlicher Bedürfnisse, während jeder Partner gleichzeitig verneint, eigene Interessen zu verfolgen.

Die Frau bestreitet, sexuell nicht besonders interessiert zu sein. Stattdessen fordert sie vom Partner Geduld, um mehr Vertrauen und Intimität aufbauen zu können. Sie versichert, ihr Verlangen würde sich ganz von selbst aus dem zunehmenden Vertrauen ergeben, aber leider käme es nicht dazu, weil er nicht warten könne und dränge. Der Mann wiederum bestreitet, seine Lust an der Partnerin befriedigen zu wollen. Er spricht vielmehr vom sexuellen Ausdruck seiner Liebe und versichert, wenn sie sich über ihre »Hemmungen« hinwegsetzte, würde sich ihr Verlangen ganz von selbst entzünden. Nur leider käme es nicht dazu, weil sie vorher bereits blockierte.

Damit haben die Partner in ihrem Machtkampf die Pathologisierungsschwelle erreicht. Der Vorwurf des Mannes läuft darauf hinaus, sie sei »verklemmt«, während die Frau ihm vorwirft, »sexsüchtig« zu sein. Die Partner werten einander ab und schaden damit ihrer Beziehung – einer Beziehung, bei deren Zustandekommen Sexualität zunächst keine Rolle spielte. Da wird anscheinend viel Aufwand getrieben, um der Erkenntnis auszuweichen, dass die beiden schlicht und einfach zwar viel seelische Verbindung, aber wenig Sexualität miteinander *haben*.

Hier liegt offensichtlich ein Bedürfniskonflikt vor. In Bezug auf andere Interessen, etwa auf Hobbys, würde Interessenungleichheit ein geringeres Problem darstellen. Da es sich jedoch um sexuelle Bedürfnisse handelt, dürfen solche einfachen Tatsachen nicht zugegeben, ja nicht einmal ernsthaft in Erwägung gezogen werden.

In diesem Punkt sind sich beide einig, denn auf meine Frage: »Es gibt ja nun mal Paare, bei denen Sexualität keine große Rolle spielt, und es wäre ja möglich, dass es bei euch auch so ist?« reagieren beide gleichermaßen empört. Sie weisen jede Vorstellung einer Beziehung, in der Sexualität nebensächlich sein könnte, entrüstet zurück.

Im Beziehungsentwurf beider, also sozusagen in ihrer Beziehungstheorie, spielt Sexualität eine wichtige Rolle, nur eben in der Praxis *dieser* Beziehung nicht. Und das kann nicht sein, weil es nicht sein darf. Die Konsequenzen wären unabsehbar. Der Mann müsste sich fragen: »Wo soll ich sexuelle Erfüllung finden, wenn nicht mit ihr?« Und die Frau stünde vor dem Problem: »Wie soll ich dann verhindern, dass er zu einer anderen geht?« Dies sind wesentliche Fragen für *diese* Beziehung, aber beide Partner wagen sich nicht an sie heran. Zumindest nicht, solange sie der Sexualität eine derart zentrale Bedeutung in ihrer Beziehung verleihen und sie höher bewerten als ihre bisher sehr erfolgreiche und liebevolle Lebenspartnerschaft.

Eine theoretisch bedeutungsvolle Sexualität

Die immense, oft übertriebene Bedeutung, die Partner der Sexualität für ihre Beziehungen beimessen, erklärt sich aus der beinahe zweitausendjährigen Geschichte sexueller Unterdrückung. Durch die moralische Verurteilung erfuhr alles Sexuelle eine unbeabsichtigte und doch zugleich ungeheure Aufwertung. Ihre Verdammung verlieh der Sexualität eine künstliche Faszination, die sie ohne das Verbot nicht hätte erreichen können.

Das Triebhafte war tabuisiert, die Leidenschaft verflucht und das Begehren zur Sünde erklärt worden. Sexualität musste daher meist im Verborgenen oder Geheimen stattfinden, wo sie Objekt stetiger Neugier und Suche wurde. So konnte sie sich zum Gegenstand gesellschaftlicher Mystifikation und romantischer Verklärung entwickeln, denn:

Das Verbot verleiht dem betroffenen Gegenstand eine Bedeutung, die er ursprünglich nicht besaß.[143]

Von der Sexualität wurde in frühen Epochen keinesfalls die Rettung von Beziehungen erwartet, auch kein Lebensglück. Sie sollte weder völlige persönliche Zufriedenheit garantieren noch Partnerschaften absichern. All diese überzogenen Bedeutungen ergeben sich aus dem Verbot und der Ächtung außerehelicher Sexualität und den Versuchen der Menschen, dieses Verbot zu überwinden.

Eine praktisch bedeutungslose Sexualität

Heute ist von der geschichtlichen Verdammnis der Sexualität nicht viel übrig geblieben. Ganz im Gegenteil: In den letzten Jahrzehnten ist Sexualität ans Licht gezerrt, analysiert, zerteilt, erforscht und technisiert worden. Sexuelle Darstellungen begegnen Partnern an jeder Plakatwand, in Zeitschriften, Film und Fernsehen, in der Werbung – auf hundert verschiedene Weisen tagtäglich. Im 21. Jahrhundert leben Partner im Überfluss sexueller Informationen und ertrinken in einer Flut erotischer Propaganda.

In diesem Übermaß verliert Sexualität alles Geheimnisvolle, und sexuelles Begehren der Art, wie Partner es vor dreißig oder vierzig Jahren noch kannten, kann sich kaum noch entwickeln. Wer ständig auf hunderte von nackten oder leicht bekleideten Frauen- und Männerkörper blickt, dem fällt es schwer, darin noch etwas Exklusives oder Verheißungsvolles zu sehen und begehrlich davon zu träumen.

Die Sexualität verliert durch ihr Überangebot an Wert, an Geheimnis, an Bedeutung. Mit sexuellen Bildern übersättigt, klagen die Partner den fehlenden Appetit ein und laufen irgendwann zur Sexualtherapie. Diese soll das leidenschaftliche Verlangen wieder in die Partnerschaft zurückbringen. Gunter Schmidt spricht davon, heute kehre sich die Bedürfnisstruktur der Partner um:

Die Werbung zeigt bereits diese verdrehte Bedürfnisrelation: Unter einer frisch geöffneten Flasche Bier steht auf einem Plakat der Spruch: ›Was gäbe ich für Durst‹ – nicht etwa: ›Was gäbe ich für Bier‹.[144]

Wenden wir sein Beispiel auf die Sexualität an: Der Mann schaut auf die im Negligé vor ihm stehende Frau, die ihm durchaus gefällt und denkt heimlich: »Was gäbe ich jetzt für Lust!« Und umgekehrt ergeht es der Frau genauso. Bisher vom Trieb beherrscht, der vom Geheimnis und Verbot genährt wurde, sind die Partner heute, durch Erlaubnis und Überfluss, vom Trieb befreit.

Inmitten der gigantischen sexuellen Veranstaltungen hat sich die Lust verflüchtigt. Es ist, als ob wirklich geworden wäre, wovon die Askese träumte. Wir bewegen uns in einem Meer von Sex ohne die Empfindungen, die einmal als sexuelle Lust bezeichnet wurden.[145]

Zwischen theoretisch bedeutungsvoller und praktisch bedeutungsloser Sexualität

Das ehemals Besondere, Gefährliche, Unbekannte und Unbewusste, für das man verfolgt, bestraft, verachtet werden konnte und das deshalb verlockend und verführend wirkte, ist mittlerweile ungefährlich, gewohnt, bekannt, bewusst und damit alltäglich geworden. Aber es soll weiterhin gesucht, ersehnt, begehrt und in der Partnerschaft unter Beweis gestellt werden.

So sind Partner heute einem ständigen Widerspruch, einem überdimensionalen Doppelsignal, ausgesetzt. Die Bedeutung der Sexualität wird allenthalben betont, während sie durch ihre ständige Gegenwart gleichzeitig an den Rand der Bedeutungslosigkeit gebracht wird. Ihr Zauber und Wert wird besungen, während gleichzeitig ihre Entzauberung und Entwertung praktiziert wird. Das Ergebnis davon ist:

Klagten sie (die Partner) vor dreißig Jahren sehr oft über ein zuviel an Triebspannung, über quälende, beunruhigende sexuelle Wünsche, mit denen sie nicht wußten, wohin, so klagen sie heute vor allem über ein zuwenig an Triebspannung, über Lustlosigkeit und sexuelle Langeweile ... der Mangel an Wünschen, nicht der Mangel an Befriedigungsmöglichkeiten wird beklagt.[146]

Eine ausgeprägte Entmystifizierung der Sexualität hat stattgefunden, der sich die Partner nicht entziehen können. Während sie vom Bewusstsein her *wollen* und *wollen sollen*, sind sie unbewusst immer weniger interessiert. Lässt das Begehren in der Beziehung aber nach, wird ein vom Bewusstsein und von Therapeuten verordneter Kampf darum aufgenommen.

Dieser Kampf tobt zwischen Kopf und Körper, zwischen Wollen und Können. Er kommt ohne die Lüge nicht aus. Da Sexualität im Bewusstsein der Partner zum zentralen Kriterium funktionierender Partnerschaft geworden ist, ruft erst diese enorme Bedeutung die Partnerlüge hervor. Denn weil die Partner nicht in der Lage sind, die Bedingungen der Allesbeziehung zu erfüllen – zu begehren, befriedigt zu sein, den Partner zu befriedigen, die Treue zu halten und das alles auf Dauer – müssen sie zumindest dies alles vorgeben, um ihre Beziehung zu schützen.

Lügen vom dauernden Begehren

Wenn das sexuelle Interesse am Partner schwankt oder nachlässt, darf dies nicht zugegeben werden, weil die Idealvorstellung dann gleich mit dem Ende der Beziehung droht. Denn eine Beziehung, in der Sexualität eine geringe oder keine Rolle spielt, ist ja angeblich keine richtige, funktionierende, wahre, lebendige, echte, partnerschaftliche oder ganzpersonale Liebe. Und genau das wollen doch alle!

Daher darf das Begehren nicht nachlassen, und es wird

viel Mühe zu seinem Erhalt aufgewendet, wie folgendes Beispiel eines fünfundreißigjährigen Mannes schildert: »Am Anfang haben wir oft und gern miteinander geschlafen. Da bin ich noch ganz auf sie abgefahren. Dann begannen Schwankungen, oder insgesamt hat die Lust nachgelassen. Sie wollte aber weiter begehrt werden, ohne mich zu begehren. Sie hat mich nicht angegriffen, wie ich das aus vorigen Beziehungen kenne, sondern hat gelitten und geweint, erzählt, wie sehr sie es vermisst und wie sehr sie es braucht. Das war schlimm für mich. Ich habe dann mit ihr geschlafen, war aber nur halb, dann immer weniger dabei. Bis ich mir vorkam wie ein Prostituierter. Eines Nachts haben wir zusammen geschlafen, und es war sogar mal wieder ganz schön. Am nächsten Morgen hat sie mich dann gefragt: ›Sag mal, haben wir eigentlich gestern miteinander geschlafen?‹ Sie hatte es schon vergessen, es war wieder nicht genug. Da ist mir die Hutschnur gerissen, und ich habe Schluss gemacht.«

Der Mann beendete die Beziehung nicht deshalb, weil seine Partnerin die sexuelle Begegnung in der Nacht vergaß, sondern weil seine Lügen sich als zwecklos erwiesen hatten, weil die anstrengenden Beweise seines Begehrens ihm nicht die ersehnte Ruhe und Harmonie verschafften. Weil die ganze Mühe umsonst gewesen war.

Zwar liegen die psychischen Anteile dieses Konfliktes auf der Hand: Indem *sie* begehrt werden will, fordert sie seine Liebesbeweise ein. *Er* will Begehren zeigen, weil man dies dem Partner vermeintlich schuldet und weil dies angeblich Liebesbeweise sind. Nur dann entspricht man dem Beziehungsideal, und die Beziehung kann »in Ordnung« gehalten werden. Und sicherlich würde eine Therapie hier helfen, solange sie die Partner unterstützt, sich von falschen Idealen und daraus resultierenden Zwängen zu befreien. Aber eben nicht, wenn die Therapie das Begehren erhalten, garantieren, zurückbringen oder sogar steigern will oder soll.

Sex und Begehren als Liebesbeweise – das ist in der Tat ein Ergebnis totaler Sexualisierung der Lebenspartnerschaft und eine Spielart der Partnerlüge. Auch Frauen lügen ähnlich wie der oben zitierte Mann. Die Frau aus dem Eingangsbeispiel dieses Kapitels (auf Seite 196 f.) etwa verspürte wenig sexuelle Lust. Trotzdem ließ sie sich auf sexuelle Kontakte ein, erlaubte dem Mann sogar, »um ihn nicht zu frustrieren«, in sie einzudringen. Doch dieses geschah nicht »ihm zuliebe«, sondern aus Angst, er könnte gehen, also um ihn zu halten und zu binden. Wirkliches Begehren stand nicht dahinter, und daher war dies eine Spielart der Partnerlüge.

Eine andere Frau erzählt, wie sie ihren Mann dazu bringt, den Liebesakt zu verkürzen. »Ich stöhne dann und flüstere ›komm‹. Er glaubt dann, ich stünde kurz vor dem Orgasmus und gibt Gas, und dann ist es gleich vorbei.«

In Lebenspartnerschaften finden sich Lügen vorgetäuschten Begehrens gar nicht so selten. Solche Partnerlügen aufrecht zu erhalten bedeutet für Frauen und Männer jedoch eine große Anstrengung, die letztlich vergeblich ist. Denn Begehren ist eine Form der Gier, und Gier ist auf das Versprechen angewiesen, ihre unbewussten Motive würden durch Sexualität befriedigt werden.

In der Dauerpartnerschaft dauerhaft gierig genug zu bleiben, ist indes eine echte Schwierigkeit. Denn worin sollte das besondere Versprechen bestehen nach einigen Jahren und einigen hundert oder tausend Malen? Aus welcher Quelle sollte die Gier entspringen? Daher haben so genannte »sexuell perverse« Menschen eine größere Chance, ihr Begehren aufrecht zu erhalten. Weil sie tiefer leiden, weil sie stärker nach Befriedigung hungern, weil sie ihre psychischen Konflikte stärker sexuell maskieren, in Leder, in Plastik, mit der Peitsche.

In der harmonischen Lebenspartnerschaft kommt es zum Schwund des Begehrens, und aus Erwartungsangst und Verlustangst muss dies geleugnet werden, vor dem Partner und sich selbst.

Ein Klient, der selbst über nachlassende Leidenschaft in seiner Beziehung klagte, erzählte mir von seinem Freund. Dieser scheue sich nicht, manches Mal mitten im Akt aufzuhören, nur, weil er keine Lust mehr verspüre. »So etwas«, betonte mein Klient aus vollster Überzeugung, »könnte ich meiner Frau niemals antun.« Dieser Mann wird stets durchhalten und die Sache zu Ende bringen, selbst wenn er keine Lust mehr haben sollte. So klingen die Lügen vom Begehren: Natürlich begehre ich dich, ich liebe dich doch! Könnte ich dich lieben, wenn ich dich nicht begehren würde? Und andersherum: Wenn du mich lieben würdest, dann würdest du mich auch begehren und mit mir schlafen und nur von mir träumen! Der arme Kerl. Die arme Frau. Die arme Beziehung. Er tut es ihr zuliebe, um eines Tages zu erfahren, dass sie es ihm zuliebe tat.

Lügen um Erfüllung und Frustration

Man könnte endlos Geschichten aufzählen von Frauen und vorgetäuschten Orgasmen und Männern, die angestrengt ihre Potenz beweisen und anderen Schwindeleien.

Die erotische Verpflichtung, das unausgesprochene Versprechen gegenseitiger sexueller Erfüllung lastet schwer auf den Gemütern der Partner.

Einen Satz wie »Für deine sexuelle Erfüllung fühle ich mich nicht verantwortlich.« auszusprechen oder zuzugeben, dass man sich den Anforderungen einer Sexualität im Dienste der Paarbindung auf Dauer nicht gewachsen und daher überfordert fühlt, fällt ungeheuer schwer, denn es steht einiges auf dem Spiel. Spontan würde der Einwand auftauchen: »Wenn es mit dem Sex nicht klappt, wozu habe ich dann eine Partnerschaft?«

Es darf nicht sein – weil die Ansprüche an Beziehungen so extrem hoch liegen. Jeder Partner muss sich für die sexuelle Erfüllung des anderen zuständig fühlen, sonst melden sich warnend Angst- und Schuldgefühle: »Pass auf, streng dich an, sonst geht er/sie!«

Die Hamburger Sexualtherapeutin Bettina Ziemert weist auf den inneren Konflikt der Partner hin:

Die meisten Paare haben die Monogamie als Ziel und verbindliche Vorgabe. Natürlich ist das eine Einschränkung und macht Leidenschaft schwerer. Wir möchten nicht die Bedrohung, aber das Begehren.[147]

Das Begehren ist jedoch *auf Dauer* nicht umsonst zu haben. Deshalb wird es, um die Bedrohung zu vermeiden, vorgetäuscht. Und dadurch erweist sich die Partnerlüge als ein Mittel, eine Beziehung trotzdem zu erhalten. Die Partnerlüge hat demnach Funktion und Sinn.

Eine amüsante Variante der Partnerlüge entstand Ende des 17. Jahrhunderts mit der Lehre der Telegonie,[148] der Fernzeugung. Die Forscher und Gelehrten glaubten damals, bei der *primus conceptus*, der ersten Empfängnis, rufe der Same des Mannes im Körper der Frau chemische Veränderungen hervor, die sich auf jede zukünftige Empfängnis auswirken würden. Damit war jedes zukünftige Kind im Grund vom ersten Mann gezeugt. Mit Unterstützung dieser Theorie konnte eine Frau, die von ihrem Liebhaber schwanger war, den eifersüchtigen Ehemann beruhigen, denn das Kind war ja in jedem Fall seines. So trugen Irrtümer der Forscher und Schwindelei der Frauen zum ehelichen Frieden bei, und manche Ehe konnte trotz Untreue erhalten bleiben.

Heute haben alltägliche Leugnungen die gleiche Aufgabe, und sie klingen selbstverständlich. Warst du im Bordell? Nein! Bist du mal fremdgegangen? Nein! Hast du eine Geliebte? Nein! Träumst du manchmal davon, fremd zu gehen? Nein! An wen denkst du, wenn du onanierst? Natürlich an dich!

Die Partnerlüge ist alltäglich und ihre maßgebliche Aufgabe besteht darin, die Beziehung zu stabilisieren. Deshalb ist es in den meisten Fällen nicht der Seitensprung, der die Partnerschaft gefährdet, sondern der gebeichtete oder entdeckte Seitensprung. Es ist auch nicht der One-Night-Stand, welcher der Beziehung schadet, sondern *das Gewissen*, dem man nicht verbergen kann, gegen die eigenen Treue-Gebote verstoßen zu haben, und das die Angst heraufbeschwört, nun verlassen zu werden.

Die Lüge verschafft Partnern seit jeher innere und äußere Freiräume und der Beziehung Sicherheit. Ohne die Partnerlüge wären viele Ehen und Partnerschaften schon nach kurzer Zeit beendet. Daher wirkt es sich durchaus schützend auf die Beziehung aus, dem Partner nicht alle Geheimnisse, nicht alle Fantasien, nicht alle Vorlieben mitzuteilen.

Man sollte sich das Paradoxon jedoch klar vor Augen halten: Es ist die Lüge, welche die Beziehung schützt. Es ist der Verrat am Ideal, der die Beziehung am Leben erhält. Die Partnerlüge dient somit restlos überlasteten Lebenspartnerschaften als Krücke. Partner brauchen sie, weil sie etwas von sich verlangen, das sie nicht dauerhaft erfüllen können. Und deshalb kommt die Partnerlüge von allen Liebeslügen am häufigsten vor, zumindest so lange, bis das Ideal der Allesbeziehung eines Tages in Ruhe sterben darf.

Die Partnerlüge verschafft auch Nachteile, indem sie Konflikte, Distanz oder Krisen entstehen lässt, sobald ihre Täuschungen offenbar werden. Wer in solch einer Krise am Ideal festhält, wer von einer Beziehung alles verlangt und sie bis zum letzten Tropfen melken will, der wird weiterhin das Ideal der realen Partnerschaft vorziehen und so die Trennung verursachen. Und er wird die Schuld am Scheitern der Beziehung beim Partner oder bei sich selbst suchen und nicht beim Ideal.

Leben im Widerspruch

Fünf Liebeslügen sind beschrieben, zahlreiche Entwicklungen im Verhältnis von Partnerschaft und Sexualität beleuchtet, unterschiedliche Standpunkte dargestellt und kritisch betrachtet worden. Nun ist es an der Zeit, eine Bilanz zum Komplex der *Liebeslügen* zu ziehen.

Wir haben eine Sexualität kennengelernt, die
- stets geschichtlichen und gesellschaftlichen Entwicklungen unterworfen war und ist. Dabei hat sie sich nicht als starr, sondern als beweglich, anpassungsfähig und unauslöschbar gezeigt;
- Gegenstand religiöser Interpretation war, tabuisiert, entwertet, als Sünde betrachtet, erhöht und mit Erlösungserwartungen befrachtet wurde,
- sowohl familiären als auch staatlichen und individuellen Interessen dienen musste und noch dient,
- durch alle Zeiten hindurch als Ware gehandelt wurde,
- sich in unterschiedlichen Formen äußert, beispielsweise geschlechtlich festgelegt aber auch geschlechtsübergreifend praktiziert wird,
- in ihrer Zeugungsfunktion an eine Überlebenspartnerschaft gebunden war,
- in ihrer leidenschaftlichen und lustvollen Erscheinungsform zuerst moralisch aus der Ehe verbannt war und später für die Ehe reserviert werden sollte,

- bislang jede ihr gesteckte Grenze überwunden oder untergraben hat,
- über ihren triebhaften Anteil hinaus psychischen Themen und inneren sowie partnerschaftlichen Konflikten Ausdruck verleiht,
- sich als Bühne gesellschaftlicher, paarbezogener und individueller Inszenierungen anbietet,
- heute zum Kriterium funktionierender Beziehungen erhoben ist und gleichzeitig permanent entzaubert wird,
- einen neuen wissenschaftlichen Mythos ihrer Machbarkeit in der Lebenspartnerschaft begründet hat und damit zur Sexualisierung und Pathologisierung von Beziehungen missbraucht wird.

Vom Ende sexueller und partnerschaftlicher Normalität
Anhand des Überblicks wird deutlich: Es gibt sie nicht, die »normale« partnerschaftliche Sexualität. Es gibt keine Sexualität, die für die Dauerpartnerschaft erfunden oder gemacht wurde. Es gibt nicht einmal so etwas wie natürliche Sexualität und daher auch keine natürliche partnerschaftliche Sexualität.
Es existieren keine verbindlichen Regeln, keine allgemein verpflichtenden Normen im Umgang mit Sexualität. Eine verallgemeinerbare Lösung des Themas ›Sexualität und Partnerschaft‹ war niemals vorhanden und wird sich auch in Zukunft nicht anbieten. Sie existiert nur in den Köpfen von Ideologen und in den Wunschbildern der Partner, als Täuschung, Illusion und in Form von Liebeslügen.

Beziehungsverhandlungen
Heute, da sich Mann und Frau nicht mehr aus Gründen des Überlebens zusammentun müssen, sind einzig indi-

viduelle Motive und vor allem Gefühle für das Zustandekommen einer Partnerschaft gültig. Daher kann jeder Mensch wählen, ob er eine Partnerschaft eingehen will, mit wem er sie führen will und in welcher Weise dies geschehen soll. Demokratie, in Form der Wahlfreiheit, hat sich in unseren Beziehungen durchgesetzt.

Das ist die gute Nachricht: *Es besteht Freiheit.* Die schlechte Nachricht lautet ebenso: *Es besteht Freiheit.* In dieser Freiheit gibt es keine hilfreiche Orientierung von außen. Jedes Paar und jeder Partner wird sich bei der Wahl seines Orientierungsrahmens, seiner Ideen von Partnerschaft, seiner Ideologie auf sich selbst verlassen müssen – und diese unter Umständen auch gegen Anfechtungen von Experten und Moralaposteln vertreten müssen. Zufriedenheit scheint dabei das einzig langfristig gültige Kriterium zu sein, auf das Partner sich stützen können. Womit die Partner zufrieden sind, das sollten sie herausfinden und in ihren Beziehungen etablieren.

Partner tun dies, indem sie über die Form ihrer Partnerschaft verhandeln und so individuell passende Lösungen vereinbaren. Dann gilt, womit beide einverstanden sind. Die Partner schließen also Verträge. Das war schon immer so, nur waren die Verträge früher von Staat, Kirche oder Familie quasi »vorgedruckt«. Heute schreiben die Partner ihre Regeln und Verträge selbst.

Sich im Widerspruch zurechtfinden

Einerseits Sehnsucht nach fester Beziehung, andererseits unbezähmbare Sexualität, gleichzeitig fehlende Normalität und dennoch Suche nach individueller Zufriedenheit, demokratische Verhandlungen und selbst aufgestellte Regeln – so gegensätzlich sieht die Realität unserer Beziehungen aus.

Daher möchte ich als wichtigstes und, ich hoffe, nachvollziehbares Ergebnis dieses Buches festhalten, dass Partnerschaft heute bedeutet: **Im Widerspruch zu leben.** Dieser Widerspruch besteht vor allem zwischen Anspruch und Wirklichkeit der Sexualität in Partnerschaften.

Kein Paar findet sich in diesem Widerspruch problemlos zurecht. Denn es gibt ihn nicht, den perfekten Weg, in dem sich Lebenspartnerschaft und Sexualität dauerhaft und zur Zufriedenheit beider vereinigen. Der partnerschaftliche Widerspruch ist nie völlig lösbar, auch wenn dies von Experten gerne und variantenreich behauptet wird.

Lusttrieb, maskiertes Begehren, inszenierte Sexualität, emotionale Wünsche, Rollenteilung, psychische Dynamik, familiäre Aufgaben, Erlösungshoffnungen, individuelle und gesellschaftliche Mythen ... zwischen diesen Kräften und Faktoren bewegen sich die Partner, und von ihnen werden sie hin und her geworfen. Durch dieses Spannungsfeld kann man nicht hindurch, ohne gegen Wände zu laufen, über Stricke zu stolpern, in Gruben zu fallen.

Von den etwa dreißig Langzeitpaaren, die ich zu diesem Buch befragen konnte (Partner, die länger als fünf Jahre in Beziehung lebten), gaben nur zwei an, bisher ohne größere Krisen mit den Entwicklungen und Veränderungen der sexuellen und erotischen Seite ihrer Partnerschaft umgehen zu können. Was also können Partner überhaupt tun?

Kann der Widerspruch nicht aufgelöst werden, so bleibt Partnern nichts anderes übrig, als darin nach begehbaren Wegen und nach Orten zu suchen, an denen sie sich aufhalten können. Das können die Partner tun, und daher möchte ich im letzten Abschnitt dieses Buches auf solche Wege und Orte hinweisen.

Wege und Orte im Widerspruch

Partner, die im Widerspruch zwischen Beziehungsideal und -wirklichkeit leben, sollen die Wege ihrer persönlichen Entwicklung und die Orte ihres Aufenthaltes darin einzig auf Grund individueller Prioritäten wählen. Solche, zwischen den Extremen einer von Sexualität freien Lebenspartnerschaft und einer von Bindung freien Sexualpartnerschaft schließlich gefundene, individuelle Lösungen sind wiederum nicht ewig gültig, sondern ändern sich je nach Lebensphase und Zustand der Partnerschaft.

Ich schildere solche Möglichkeiten im Folgenden daher nicht, um sie als Lösungen hochzuhalten. Ebenso möchte ich mich jeder Bewertung der praktizierten Lebensformen enthalten. Ein Urteil zu den jeweiligen partnerschaftlichen und sexuellen Verhaltensweisen muss sich jeder Leser selbst bilden. Es geht mir nicht um richtig oder falsch, moralisch oder unmoralisch, sittlich oder verwerflich. Es geht weder um Rezepte oder Ratschläge, noch um Empfehlungen zur Nachahmung.

Es geht darum zu beschreiben, *was es bereits gibt*, was Partner völlig unabhängig von Experten gefunden haben, worauf sie bar jeden Anspruches und jeder Ideologie von selbst gekommen sind.

Im Einzelnen geht es dabei um:
– sexuelle Abstinenz in der Lebenspartnerschaft,
– serielle Monogamie,

- Partnerschaft mit Abstand,
- Sexualpartnerschaft,
- geregelte Abwechslung,
- Haupt- und Nebenbeziehungen,
- organisierten Partnertausch,
- kultivierte Selbstbefriedigung,
- gekaufte Sexualität.

Exklusive Lebenspartnerschaft

Es gibt sie tatsächlich, die Lebenspartnerschaft, in der Partner sich durch den Alltag ihres Lebens begleiten. Diese emotionale, wesensbezogene, personale, stützende Partnerschaft erfreut sich beachtlicher Wertschätzung und behält für die Partner selbst dann ihren hohen Wert, wenn sie sexuell auf Dauer nicht alle Wünsche erfüllt und nicht hält, was sie halten sollte.

Wem Lebenspartnerschaft und Treue viel bedeuten, wer den emotionalen Halt an seiner Beziehung hoch schätzt, braucht und genießt, ist nicht selten bereit, dafür auf Sexualität und Leidenschaft, zumindest jedoch auf leidenschaftliche Sexualität, ganz zu verzichten. Eine abstinente Partnerschaft kann dann eine Option sein, auch wenn Abstinenz keineswegs einfach sein mag. Partner, die sich dafür entscheiden, Sexualität nicht um jeden Preis aus der Partnerschaft herauszuholen, ersparen sich eine mögliche Vergewaltigung ihrer Beziehung. Sie schützen ihre Partnerschaft, indem sie sie so akzeptieren, wie sie ist.

Langzeitpartner dieses Typs hören wir Sätze sagen wie: »Der Zweck unserer Beziehung ist nicht die Leidenschaft.« Oder: »Unsere Stärke war nie die Sexualität.« Sie stehen auf der Seite jenes Paares, das mir anvertraute: »Wir haben das Thema Sexualität endlich hinter uns gelassen. Seither geht es uns viel besser miteinander.«

Triebverzicht ist eine Möglichkeit, eine Lebenspartnerschaft zu führen, für die sich niemand schämen sollte, auch wenn ständige Befriedigung gerade hoch im Kurs steht und allerorts versprochen und besungen wird.

Bei der exklusiven Lebenspartnerschaft gibt es nicht viel Grundsätzliches zu verhandeln. Ihre Regeln sind eindeutig. Wir gehören zusammen, wir schützen unsere Dauerbeziehung durch Treue; Sexualität findet wenn, dann nur innerhalb der Beziehung statt. Untreue zieht meist das Ende der Beziehung nach sich.

Serielle Partnerschaft

Viele Partner sind nicht in der Lage oder nicht willens, dauerhaft auf leidenschaftliche Sexualität zu verzichten. Deshalb sind sie von einer exklusiven Lebenspartnerschaft nur überzeugt, solange Sexualität darin vorkommt. Solche Partner hören wir sagen: »Beziehung ja, aber eine Beziehung ohne Sexualität ist für mich unvorstellbar.« Oder: »Ohne Sexualität, das kommt auf Dauer nicht in Frage.«.

Schließlich sind Partner heute nicht gezwungen, in den sauren Apfel der Abstinenz zu beißen. Sie nehmen stattdessen die »saure Birne« in Kauf, auf den Wegen der seriellen Monogamie zu wandern. Das Phänomen wechselnder Partnerschaften ist hinreichend bekannt und erfreut sich, mittlerweile weder durch Gesellschaftsmoral noch durch Gesetzgebung eingeschränkt, großer Verbreitung. Auch wenn kaum jemand behaupten würde, diese Form der Partnerschaft sei an sich erstrebenswert, gibt sie doch eine reale Möglichkeit an die Hand, aus frustrierenden und nur noch der Form halber bestehenden

Lebenspartnerschaften auszusteigen. Nach der Überzeugung »Besser ein Ende mit Schrecken als ein Schrecken ohne Ende« bereichert die serielle Monogamie das Leben aller Partner, die vom Ideal der Treue nicht lassen können und von der Leidenschaft ebenfalls nicht.

Die Regeln der seriellen Monogamie sind ebenfalls recht eindeutig. Treue wird unbedingt gefordert, solange die Liebe leidenschaftlich ist. Lässt aber die Leidenschaft nach, gehen die Partner auseinander. Dann wird die Beziehung von der nächsten abgelöst. Vielleicht wechselt man irgendwann ins Lager der abstinenten Lebenspartner, weil man das Karussell leid wird und sich für die Vorzüge einer langfristigen Partnerschaft entscheidet.

Partnerschaft mit Abstand

Aus dem intuitiven Verständnis heraus, dass und wie sich Bindung und Fremdheit dynamisierend auf Leidenschaft und Sexualität auswirken, verleihen manche Paare dem Abstand in ihrer Beziehung besondere Bedeutung. Sie versuchen, sich erotische Nähe zu ermöglichen, indem sie Fremdheit und Abgrenzung unterstützen. Dieser Möglichkeit liegt die Erkenntnis zu Grunde: »Um sich öffnen zu können, muss man verschlossen sein.« Oder: »Aufeinander zugehen kann man nur vom nötigen Abstand heraus.«

Abstand ist in Lebenspartnerschaften auf unterschiedlichste Weise machbar. Die Palette möglicher Verhaltensweisen reicht von getrennten Schlafzimmern über getrennte Urlaube bis hin zur getrennten Wohnung.

Eine Frau, die seit 14 Jahren in Beziehung lebt und sexuell noch »recht zufrieden« mit ihrem Mann ist, führt dies auf die deutliche Abgrenzung beinah sämtlicher Lebensbereiche der Partner zurück. »Wir hatten immer alles getrennt. Getrennte Schlafzimmer, getrennte Konten, getrennte Arbeit, getrennte Freundeskreise. Erst seit zwei Jahren wohnen wir im selben Haus, aber auf verschiedenen Etagen.« Woraufhin ihr Mann zu bedenken gibt, er halte »… dieses unter einem Dach leben für gefährlich für unsere sexuelle Beziehung«.

Allein die Verhandlungen, die nötig sind, um die richtige Form des Abstandes und die passenden Regeln der Partnerschaft zu finden, schaffen einen gewissen Abstand und damit auch einen bleibenden Respekt. Ein eigenes Schlafzimmer beispielsweise bedeutet: »Ich bin nicht jederzeit für dich verfügbar, du musst dich jedes Mal mit mir einigen. Ich kann dich wegschicken oder du mich, und deshalb erleben wir es nicht als selbstverständlich, sondern als wertvoll, zusammenzukommen.«

Sexualpartnerschaft

Eine extremere Form des Abstandes praktizieren Partner, die zwar eine verbindliche Lebenspartnerschaft vermeiden, aber trotzdem Beziehungen eingehen.

Eine Frau erklärt: »Ich komme im Leben auch ohne einen Alltagspartner klar. Aber auf eine leidenschaftliche Beziehung will ich deshalb nicht verzichten. Lieber nehme ich ein gewisses Alleinsein in Kauf.«

Diese Frau hat sich für eine Sexualpartnerschaft entschieden. Sie lebt von ihrem Partner getrennt und trifft diesen nur ein- bis dreimal die Woche oder zu gemeinsamen Urlauben. »Das geht jetzt schon seit sieben Jahren so, und es entspricht mir. Mit der Alltagsnähe könnte ich gar nicht umgehen. Dabei mache ich nur alles kaputt.«

Die Regeln einer vorwiegenden Sexualpartnerschaft sind nicht vorgegeben und können auch nicht stillschweigend vereinbart werden. Sie müssen von den Beziehungspartnern jeweils ausgehandelt sein. Da sie unkonventionelle Wege gehen, werden diese Partner in steter Auseinandersetzung prüfen müssen, was noch stimmig ist, was nicht mehr geht und wie mit dem Wechsel Nähe und Abstand umzugehen ist.

Nebenbeziehungen

Eine weitere Möglichkeit der Gestaltung sexueller Beziehungen bietet die Nebenbeziehung, für die uns die Geschichte nahezu endlos Beispiele liefert. Hetären, Mätressen, Kurtisanen, Geliebte, Lover – wie man sie auch nennen mag, es hat diese Nebenbeziehungen immer gegeben. Und das nicht ohne Grund, denn sie waren und sind stets Stütze der Ehe oder Lebenspartnerschaft.

Ein Mann, seit 16 Jahren verheiratet, pflegt seit 11 Jahren eine heimliche Nebenbeziehung. Er ist davon überzeugt: »Nur deshalb habe ich die Lust an meiner Frau behalten.« Seine Frau, die ich getrennt in einem Interview befragen konnte, meint zum Thema: »Nach so etwas würde ich nie fragen.« Die beiden scheinen stillschweigend einer Vereinbarung zu folgen, und dies hat ihre Sexualität lebendig gehalten und ihre Beziehung.

Nebenbeziehungen sind nicht leicht und schon gar nicht problemlos zu führen, weshalb diese Möglichkeit von den meisten Paaren verworfen wird. Allerdings müssen sie deshalb nicht abgewertet werden.

Eine Frau erzählt von ihrem Geliebten: »Wir wussten wohl beide, dass es nicht ewig halten würde. Einige Jahre vielleicht. Aber wir waren erstaunt, wie viel wir einander geben konnten. Obwohl sich die Beziehung aufs Erotische beschränkte, fühlten wir uns beide reich beschenkt. Dieses Gefühl der Dankbarkeit ist geblieben. Auch nachdem wir auseinander sind.«

Was soll man dazu sagen? Objekthafte Sexualbeziehung? Gegenseitige Funktionalisierung? Was soll das eifrige Beschwören der »ganzpersonalen Liebe«, den »Seelen die sich küssen« und der »tiefsten Liebe« in der exklusiven Dauerbeziehung, wenn es sich nicht mit dem Erleben der Partner deckt?

Nebenbeziehungen sind üblich und möglich, sie brauchen jedoch, davon kann man wohl ausgehen, Partner, die mit Ängsten und Eifersucht umgehen können und großes Vertrauen in ihre bestehende Lebenspartnerschaft setzen.

Auch zu Nebenbeziehungen müssen die Beteiligten ihre Regeln aushandeln. Wie oft trifft man den Geliebten, wo und wie lange? Wenn es klappt, und es klappt für etliche, kann die Nebenbeziehung der Lebenspartnerschaft dienen, indem sie diese entlastet, und diese wiederum dient der Nebenbeziehung, indem sie den Alltag davon fernhält. Natürlich zahlen die Partner den Preis einer gewissen Spannung oder gar Zerrissenheit für ihr Schlaraffenland.

Der Seitensprung

Beim Seitensprung gehen die Spekulationen darüber auseinander, ob er mehr Ehen gerettet oder zerstört hat. Ich persönlich neige zur ersten Annahme. Ganz sicher aber hat der *gebeichtete* Seitensprung mehr Ehen auf dem Gewissen als der *verheimlichte*. Geleugnet wird die weite Verbreitung des Seitensprungs jedoch kaum noch.

Die meisten Eheleute streben an, monogam zu leben. Dennoch sind außereheliche Affären nicht selten: In Untersuchungen geben etwa 50% der jüngeren verheirateten Männer und 35-40% der Frauen an, jemals eine gehabt zu haben (Zilbergeld 1996). Sogar in Ehen, die beide Seiten als glücklich bezeichnen, treten Außenbeziehungen auf: Bei 16% der Frauen und 20% der Männer.[149]

Und der »Spiegel« schreibt:
Wohl für immer vorbei sind die Zeiten sentimentaler Liebesbriefe und Treueschwüre. Bei den Ehefrauen unter 40, ermittelten Sexforscher, sind Seitensprünge inzwischen häufiger als bei Männern. Dabei handelt es sich selten um romantische Affären, eher um sexuelle Eskapaden, die den Ehebund nicht gefährden sollen.[150]

Nach einem Seitensprung äußerte eine achtunddreißigjährige Frau den Wunsch nach mehr: »Ich wünschte, mein Mann würde es mir gestatten, einen Geliebten zu haben. Das würde uns bestimmt gut tun, weil ich eigentlich bei meinem Mann bleiben will.«
Auch Therapeuten verbreiten nicht unisono das Märchen allumfassender Treue und Harmonie. Praktiker beobachten allzu oft: »Eher beginnt [nach dem Seitensprung] die Liebe neu.«[151]

Der Seitensprung bringt sinnliche Abwechslung. Darüber hinaus birgt er Gefahr und belebt daher die verlorene Spannung in der Partnerschaft, die im Gefühl scheinbarer Sicherheit einschlief. Der Partner, der fremdging, inszeniert nicht selten neue erotische Beweise seiner Liebe zum Dauerpartner, und davon profitiert wiederum die Lebenspartnerschaft.
Partner haben durchaus Regeln in Bezug auf den Seitensprung: Bei manchen wird er stillschweigend geduldet, solange nicht darüber gesprochen wird. Andere Paare überlassen ihn nicht dem Zufall, sondern verschaffen ihm Gelegenheit, beispielsweise im getrennten Urlaub. Auch hierüber herrscht dann meistens und am besten Schweigen.

In Zeiten von Aids ist der spontane Seitensprung indes nicht ohne Risiko, weshalb oftmals andere, kontrollierbare Formen der Sexualität vorgezogen werden.

Organisierter Partnertausch

Ganz im Stillen hat sich in den letzten Jahrzehnten eine Kultur organisierter Partnersexualität (sogar Gruppensexualität) gebildet. Diese findet Ausdruck in der Szene der Swingerclubs.

Swingerclubs sind teils privat, teils gewerblich geführte informelle und offene Gruppen von Paaren, die sich zum Zwecke des Partnertauschs treffen, um von Partner zu Partner zu »swingen«. Diese Clubs finden sich nicht nur in größeren Städten, sondern auch in der ländlichen Provinz, in Wohngebieten oder in der Nachbarschaft. Es handelt sich also keineswegs um Randerscheinungen gesellschaftlichen Sexualverhaltens. Der »Stern« berichtet zum Thema:

> »In Frankreich gibt es fast doppelt so viele Sex ›echangistes‹ (400 000) wie Golfspieler (230 000).« Dazu bemerkt der französische Chefredakteur einer Swingerzeitung: »Paare wollen der Lüge des Ehebruchs entkommen ... Sie versuchen, ihre Sexualität zu entfesseln.«[152]

Es scheint zu funktionieren. Wie die Hamburger Sexualtherapeutin Ziemert berichtet, taucht dieses Klientel in ihrer Praxis nicht auf, woraus sie schließt, dass diese Paare »... ein hohes Maß an sexueller Zufriedenheit ...«[153] besitzen. Die Regeln dieser Clubs sind zumeist streng und eindeutig. Nur Pärchen haben Zutritt, Kontakte finden freiwillig statt, das Paar entscheidet, ob es ein sympathisches anderes Paar zum Partnertausch wählt, jeder sich alleine vergnügt oder alle gemeinsam in der Gruppe. Diese strengen Regeln grenzen die Eifersucht ein und machen so den Partnertausch möglich.

Auch Swingerclubs stützen die Dauerbeziehung, indem sie die Partner vom Druck sexueller Dienstleistungen befreien. Die Besucher der Clubs sind sich über ihr Ziel im Klaren, wie es eine »Swingerin« formulierte: »... Ich tue das auch für meine Beziehung.«

Swingerclubs können als volkstümliche Entsprechungen zu Tantraseminaren betrachtet werden, wobei das Tantraseminar auf »höherem« Niveau stattfindet. Aber in beiden Formen treffen sich Menschen zu verabredeter Sexualität im Rahmen vereinbarter Regeln. Sogar die sexuellen Spiele gleichen sich hier, etwa »Bienchenspiele« oder »Kapuzenspiele«.

Neben Swingerclubs bietet das Internet weitere Möglichkeiten zum spontanen Partnertausch. So werden dort so genannte Pärchenparties oder Parkplatzparties organisiert, wo es dann, wiederum auf freiwilliger Basis, zum Partnertausch kommt.

Kultivierte Selbstbefriedigung

Wem organisierte Sexualität mit zu hohen Risiken partnerschaftlicher oder gesundheitlicher Art behaftet ist, der kultiviert womöglich die Selbstliebe.

Selbstbefriedigung hat nicht zuletzt durch Masters und Johnson eine beachtliche Aufwertung erfahren. Inzwischen gehen einige Experten so weit, zu behaupten, wer sich nicht selbst (erotisch) liebe, könne auch den Partner nicht (erotisch) lieben. Auch wenn sich diese Aussage kaum belegen lässt, schafft sie doch Freiräume und hilft dabei, eine Sexualität mit dem und am eigenen Körper zu akzeptieren und zu kultivieren. Man macht »es« sich schön.

Selbstbefriedigung ist eine durchaus reale und in breitem Maßstab praktizierte Form der Sexualität, natürlich für Singles, aber auch für Paare.

[Studien] zeigen deutlich, dass gerade bei jungen Männern und Frauen (unter 35 Jahren) die Tendenz ganz erheblich zugenommen hat, in einer festen Liebesbeziehung Masturbation als sexuelle Praktik beizubehalten.[154]

In der Partnerschaft ist Masturbation nicht bloß Ersatz für Partnersexualität, sie ergänzt diese vielmehr. Einer ihrer Vorteile liegt im enormen Freiraum, den sie erotischen Phantasien zur Verfügung stellt. So können beispielsweise aggressive Impulse folgenlos ausgelebt werden, und ins Perverse zeigenden Tendenzen kann fantasierend ohne Belastung für die Partnerschaft nachgegangen werden.

Damit wird Onanie zum geheimen Ort, an dem »nur ich weiß, was mich anmacht« und an dem »ich meinem Begehren alles zur Verfügung stellen kann, wonach es verlangt«. Die Partnerschaft wiederum wird durch die Freiräume der Selbstbefriedigung entlastet und profitiert davon.

Heute bieten sich, in oder außerhalb von festen Beziehungen, zusätzliche Unterstützungsformen der Onanie. Telefonsex, Internet und Pornofilme ergänzen die schon lange üblichen Pornohefte und Comics.

Die Regeln seiner Sexualität mit sich selbst kann jeder Partner ganz allein setzen. Das erklärt wohl ihre wachsende Bedeutung gerade in einer gleichberechtigten Zeit, in der über alle Details der partnerschaftlichen Sexualität mit dem Partner Einigung erzielt werden muss.

Gekaufte Sexualität

Die Bedeutung der Prostitution durch alle Geschichtsepochen entlarvt die theologische Zwecklüge von der Sexualität als einer an die Fortpflanzung oder die Partnerschaft gebundene Energie.

Gekaufte Sexualität hatte immer die wichtige Aufgabe der Lustbefriedigung, und damit half sie stets der Lebenspartnerschaft. Bereits in der Antike und im Mittelalter wusste man von der ehestützenden Funktion der Prostitution. Sie hinderte die Männer daran, ihre Frauen »der Leidenschaft wegen« zu verlassen. Jacques Rossiaud beschreibt die mittelalterliche Prostitution so:

> Sie stellt sich nicht gegen die eheliche Ordnung und untergräbt sie auch nicht; in der literarischen Umsetzung erscheint sie gelegentlich sogar als Retterin einer in Not geratenen Familie. Die Prostituierte eine Stütze der Familie? So jedenfalls sahen die Notablen sie.[155]

Heute hat sich an dieser ehestützenden Funktion gekaufter Sexualität nichts geändert, weshalb sie weithin verbreitet ist. Die Deutsche Presse Agentur meldet, bundesweit verdienten etwa 400.000 Frauen und Männer mit Prostitution ihr Geld. Dieser Markt setzt nach Schätzungen etwa 12,5 Milliarden DM jährlich um. Lächerlich erscheint es daher, dieser seit Jahrtausenden praktizierten Form der Triebbefriedigung die völlige Gleichstellung im Sozialsystem zu verweigern. Schließlich waren Huren bereits im Mittelalter zunftähnlich organisiert und wurden von Stadtpolitikern gefördert. Man hatte also den ehestützenden Charakter dieses Ventils erkannt und durchaus gewürdigt.

Möglichkeiten käuflicher Sexualität sind heute mehr denn je vorhanden, und sie sind nicht mehr allein Män-

nern vorbehalten. Auch Frauen nehmen dieses »Recht«
für sich in Anspruch. Tipps hierfür beziehen sie aus den
üblichen Frauenmagazinen, die von den Vorzügen des
Latinlovers und anderen erotischen Alternativen zur
Dauerpartnerschaft berichten.
Für die käufliche Liebe reisen Männer nach Thailand
und Brasilien, Frauen nach Afrika und in die Domini-
kanische Republik. Sie leben Sexualität als Bedürfnis,
und, wie es quer durch die Jahrtausende der Fall war,
treiben sie im Tausch Geld gegen erotische Dienstleis-
tung.

Die Zukunft der Sexualität

Entwicklungen sexueller Alternativen zur Allesbeziehung sind mit dem hier aufgezeigten Spektrum der von
Partnern selbst gefundenen und praktizierten Lösungen
sicher nicht erschöpfend behandelt. Was die Dimension
des Cybersex noch bringen wird, bleibt abzuwarten.
Technisch sind die Möglichkeiten hier wohl unbegrenzt.
Womöglich wird eine zukünftige Lustbefriedigung darin
bestehen, in einer Kabine, geruchsgesteuert, visuell unterstützt, geräuschverstärkt, mit elektronischem Hand-
schuh bewehrt und von Roboterarmen stimuliert, allen
Phantasien nachzugehen, die da möglich sind. Vielleicht
kommt der erste perfekte Roboter auch nicht in Fabri-
ken oder im Haushalt, sondern im Bett des Singles zum
Einsatz.
Doch für welche Praxis sie sich auch entscheiden, Partner
können dem Leben im Widerspruch nicht entkommen.
Die am bürgerlichen Ideal orientierten Partner leiden an
krampfhaften Versuchen, Leidenschaft und Nähe dauer-

haft zu vereinen; und die von der hergebrachten Sexual-moral befreiten Partner leiden unter häufigem Beziehungswechsel und einer ebenso angestrengten Suche nach emotionaler Nähe und partnerschaftlicher Verlässlichkeit.

Nachdem die kirchliche Manipulation der Sexualität weitgehend aufgehoben ist, kehrt die Lust allmählich zum Menschen zurück. Sie lässt sich nicht mehr in den Käfig der Ehe sperren, in den sie hineingezwängt wurde als »... Mittel, das Gott dem Menschen gegeben hatte, damit er sich vor der Unzucht schützen konnte«, denn: »Wenn einer der Gatten in sich Versuchung zum Ehebruch oder zur Selbstbefriedigung verspürt, dann darf er, falls er keinen bessern Weg findet, die Ehe dazu nutzen, dieser Versuchung abzuwehren.«[156]

Heute dürfen Partner alles nutzen, was miteinander vereinbar ist. Diese Freiheiten der Partner und ihre gefundenen Lösungen können den Widerspruch zwischen Partnerschaft und Sexualität zwar nicht aufheben, aber es lässt sich darin leben.

Auf jeden Fall aber sollten sich Partner nicht schuldig fühlen für ihre kleinen und großen Lösungen und die individuellen Wege ihrer Lust. Sie sollten stattdessen ein für allemal Aussagen wie: »Guter Sex ist die Grundlage einer guten Beziehung. Glückliche Paare haben eine befriedigende Sexualität«[157] als Liebeslüge zurückweisen.

Beziehungen entspannt, frei und mit Respekt für die gegenseitigen partnerschaftlichen Bedürfnisse zu leben, eröffnet viele Möglichkeiten in einer Zeit, von der Gunter Schmidt meint:

Sex wird künftig in Beziehungen nicht mehr die entscheidende Rolle spielen ... Sex wird nur als ein Teil von Intimität begriffen. Genauso wichtig sind emotionale Nähe und Offenheit ... Untreue wird keine große Rolle mehr spielen, auch dafür sind die Partner einfach zu pragmatisch – sie wissen um die Risiken der Sexualität.[158]

Und in welcher der Frankfurter Sexualforscher Volkmar Sigusch bemerkt:

Heute ist Sexualität nicht mehr die Lust- und Glücksmöglichkeit schlechthin ... Die Sexualität wird nicht mehr positiv mystifiziert als Rausch, Ekstase und Transgression, sondern so negativ gesehen, wie sie oft ist: Quelle und Tatort von Unfreiheit ...[159]

Machen wir also Schluss mit der Sexualisierung der Partnerschaft und der Pathologisierung nachlassender Leidenschaft. Fallen wir nicht länger herein auf die Lügen der Experten. Lassen wir uns nicht von Wissenschaftlern, Therapeuten, Psychologen und Journalisten romantische Ideale verkaufen. Leben wir, wie es uns entspricht. Das allein ist schon kompliziert und aufregend genug.

Wenn es denn eine Botschaft dieses Buches an Partner gibt, so lautet diese: »Findet und lebt mit gutem Gewissen jene Form der Partnerschaft, die euch, und möglicherweise *nur euch*, entspricht!«

Kritikern, die mir vorwerfen, ich schadete mit diesem Buch der Ehe oder der Lebenspartnerschaft, will ich entgegenhalten: Ihr schadet der Langzeitbeziehung und haltet die Liebeslügen aufrecht. Indem ihr etwas Unmögliches von den Partnern verlangt, tragt ihr zum Ende vieler Beziehungen bei.

Persönliche Aussichten

Dieses Buch versteht sich bewusst nicht als Ratgeber. Es gibt Einblicke in Optionen und Möglichkeiten der Langzeitpartnerschaft. Sicherlich bleibt bei vielen Partnern die Frage: »Was sollen wir tun, wenn wir zusammenbleiben und nicht auf Sex verzichten wollen?« Meine Antwort würde lauten: »Was könnt ihr tun? Wozu seid ihr bereit? Wo sind eure Grenzen? Was ist euch am Wichtigsten?«

Derartige Fragen lassen sich nicht nebenbei beantworten. Ihre Antworten ergeben sich aus den Erfahrungsprozessen, aus den Krisen und den Erfolgen auf der Suche nach Lösungen.

Jede Beziehungsform und jede Liebe hat ihren eigenen Preis und bedeutet Verzicht auf etwas anderes. Glatte Lösungen des beschriebenen Widerspruchs gibt es meines Erachtens nicht. Aber es gibt ein aufregendes, spannendes Experimentierfeld, in dem jeder Partner frei ist, nach Wegen und Orten im Widerspruch zwischen Langzeitliebe und Leidenschaft zu suchen.

In den Diskussionen mit Lesern, Lektoren und Freunden ist mir wiederholt aufgefallen, wie wenig begeistert die Aussicht, im Widerspruch leben zu müssen und keine Lösung »für immer« finden zu können, allgemein aufgenommen wurde. Denn gesucht wird im Grunde die Erlösung vom Widerspruch: der Weg, der Partnerschaft und Sexualität dauernd und befriedigend verbindet; und gesucht wird dieser Weg gleichermaßen von Partnern und Experten.

Wer nun auf keinen Fall die Hoffnung auf eine Dauerlösung aufgeben kann, dem würde ich zweierlei raten: Ironisch würde ich ihm zurufen: Ja, es gibt diese Lösungen. Sie lauten: Arbeite fest und ohne Unterlass an der Beziehung und ihrer Sexualität. Entdecke Sexualität als soziale Kommunikation. Finde den richtigen Partner. Lerne die Techniken des Sexuellen. Folge den Anweisungen der Experten. Und wenn du alles richtig machst, wird alles so werden wie du es wünschst.

Ernsthaft aber würde ich feststellen: Es spricht nichts gegen den Versuch, den Ratschlägen der Experten zu folgen und beispielsweise eine Sexualtherapie zu machen, um die Facetten ungelebten Lebens aufzuspüren oder die partnerschaftliche Kommunikation zu verbessern. Nur sollten keine Wunder davon erwartet werden, und Aufwand und Ergebnis dieser Rekonstruktionsversuche sollten in einem sinnvollen Verhältnis zueinander stehen.

Für mich persönlich hat sich eine Möglichkeit ergeben, mit dem Widerspruch umzugehen. Ich sehe eine Beziehung als einen lebendigen Prozess. Charakteristisch fürs Lebendige ist, dass es weder zu lenken noch zu beherrschen ist. So wird es Partnern letztlich nie gelingen, eine aus dem Unbewussten zweier Menschen entstandene Beziehung durch Einsatz des gemeinsamen Willens zu steuern.

Da ich eine Beziehung als einen nicht vorhersehbaren Vorgang betrachte, kann ich leichter akzeptieren, wenn sich ihre Entwicklung nicht nach meinen Absichten richtet. So tue ich zwar alles mir mögliche, eine Beziehung nicht zu stören und meine Ziele, meine Träume und Sehnsüchte in ihr zu verwirklichen. Doch ähnlich wie bei einer Freundschaft, deren Verlauf ich ebenfalls weder festlegen will noch festlegen kann, halte ich die Möglichkeit offen, dass sich die Beziehung anders entscheidet, als ich es von ihr erwarte.

Anmerkungen

1. Zeitschrift »Für Sie«, zitiert aus der »Hamburger Morgenpost«.
2. Zitiert aus der »Brigitte« 20/99.
3. Siehe hierzu ausführlich Morus (Richard Lewinsohn), *Eine Weltgeschichte der Sexualität*, Hamburg 1965; Herrad Schenk, *Freie Liebe – wilde Ehe*, München 1987; Karlheinz Deschner, *Das Kreuz mit der Kirche*, Düsseldorf 1987.
4. Herrad Schenk, *Freie Liebe – wilde Ehe*, a.a.O., S. 54.
5. Zitiert aus »Hiphop der Hormone« in »Der Spiegel« 48/2000.
6. Zitiert nach der Reportage »Im Wald der Pygmäen«, NDR 1995.
7 Morus, *Eine Weltgeschichte der Sexualität*, a.a.O. S. 30.
8. So der Dichter Properz: »Oh wie liebe ich diese von allen Schranken Freie, die mit halboffenem Gewand einherschreitet, ohne Scheu vor neugierigen und eifersüchtigen Blicken, die unschlüssig in ihren staubigen Schuhen auf dem Pflaster der Via sacra umherspaziert und nicht zimperlich allerhand Umständ macht, wenn jemand ihr winkt. Niemals wird sie sich dir versagen, niemals dir das ganze Geld abnehmen.«
   Zitiert aus Morus, *Eine Weltgeschichte der Sexualität*, a.a.O., S. 70.
9. Tacitus, zitiert aus Morus, *Eine Weltgeschichte der Sexualität*, a.a.O., S. 79.
10. Das Neue Testament, Matthäus 5,19.
11. Siehe hierzu ausführlich Morus, *Eine Weltgeschichte der Sexualität*, a.a.O., S. 81 ff.
12. Siehe hierzu Michel Foucault, »Der Kampf um die Keuschheit« zitiert aus *Die Masken des Begehrens und die Metamorphosen der Sinnlichkeit*, Frankfurt 1984.
13. Herrad Schenk, *Freie Liebe – wilde Ehe,* a.a.O., S. 47.
14. Ebd., S. 54.
15. Ebd., S. 54.
16. Siehe Hess, Hinweis aus Deschner, *Das Kreuz mit der Kirche*, a.a.O., S. 228.

17. Phillippe Ariès, zitiert aus *Die Masken des Begehrens und die Metamorphosen der Sinnlichkeit*, Frankfurt 1984, S. 191.

18. Herrad Schenk, *Freie Liebe – wilde Ehe*, a.a.O., S.85.

19. Siehe hierzu die Thesen von Herrad Schenk in *Freie Liebe – wilde Ehe*.

20. Zur Beziehung als Wesen siehe Michael Mary, *Faszination Beziehung*, 1999.

21. Philippe Ariès, »Liebe in der Ehe« in *Die Masken des Begehrens und die Metamorphosen der Sinnlichkeit*, a.a.O., S. 174.

22. Michael Mary, *Faszination Beziehung*, a.a.O.

23. Michael Mary, *Schluß mit dem Beziehungskrampf*, Stuttgart 2000.

24. Theodor Bovet, *Die Ehe – das Geheimnis ist groß*, Tübingen 1957, S. 133 ff.

25. Aus der Zeitschrift »Idea« in Bezug auf das Buch der Theologen Volker und Felicitas Lehnert, *Ehe der Zoff uns scheidet – die Kunst der Ehe*, 2000.

26. Siehe hierzu Michel Foucault, »Der Kampf um die Keuschheit« in *Die Masken des Begehrens und die Metamorphosen der Sinnlichkeit*, a.a.O.

27. Volker und Felicitas Lehnert, *Ehe der Zoff uns scheidet – die Kunst der Ehe*, 2000.

28. Ebd.

29. Ebd.

30. Ebd.

31. Ebd.

32. Rudolf Sanders, *Zwei sind ihres Glückes Schmied*, Paderborn 1998, S. 13.

33. Ebd., S. 14.

34. W. Melchior, *ABC der Liebe für junge Leute*, Kassel 1964.

35. Rudolf Sanders, *Zwei sind ihres Glückes Schmied*, a.a.O., S. 20.

36. Ebd. S. 111.

37. Volker Lehnert, *Ehe der Zoff uns scheidet – die Kunst der Ehe*, a.a.O.

38. Aus »Familiendynamik«, Zeitschrift für Sexologen, 4/23, S. 393.

39. Gunter Schmidt, *Sexuelle Verhältnisse*, Reinbek 1998, S. 43.

40. Rosemarie Welter-Enderlin, *Paare – Leidenschaft und lange Weile*, München 1999, S. 321.

41. Robin Skynner und John Cleese, *Familie sein dagegen sehr*, Paderborn 1988, S. 251.

42. Ebd., S. 12.
43. Rosemarie Welter-Enderlin, *Paare – Leidenschaft und lange Weile*, a.a.O., S. 301.
44. Ebd., S. 287.
45. Ebd., S. 275.
46. Volker Lehnert, *Ehe der Zoff uns scheidet – die Kunst der Ehe*, a.a.O.
47. Jürg Willi in »Der Spiegel«, 43/2000.
48. Martin Dannecker, *Das Drama der Sexualität*, Hamb. 1992, S. 121.
49. Loewit in »Sexologie«, 2/94, Band 1.
50. Ebd.
51. Ebd.
52. Ebd.
53. Martin Dannecker, *Das Drama der Sexualität*, a.a.O., S. 110.
54. Ebd., S. 123.
55. Zitiert aus dem »Weltbild Magazin« 24/99.
56. »Der Spiegel«, 49/2000, S. 184.
57. Kirsten v. Sydow, »Sexualität und/oder Bindung« in »Familiendynamik« 4/1998.
58. Gunter Schmidt, *Sexuelle Verhältnisse*, a.a.O., S. 45.
59. Kirsten v. Sydow, »Sexualität und/oder Bindung, in »Familiendynamik« 4/1998.
60. Rosemarie Welter-Enderlin, zitiert aus Kirsten v. Sydow, »Sexualität und/oder Bindung« in »Familiendynamik« 4/1998.
61. Jürg Willi, zitiert aus Kirsten v. Sydow, »Sexualität und/oder Bindung« in »Familiendynamik« 4/1998.
62. Gunter Schmidt, *Sexuelle Verhältnisse*, a.a.O.
63. Rosemarie Welter-Enderlin, a.a.O., S. 324.
64. Kirsten v. Sydow, »Sexualität und/oder Bindung«, a.a.O.
65. Siehe hierzu Michael Mary, *Faszination Beziehung*, a.a.O.
66. Philippe Ariès, »Liebe in der Ehe« aus *Die Masken des Begehrens und die Metamorphosen der Sinnlichkeit*, a.a.O., S. 174.
67. Herrad Schenk, *Freie Liebe – wilde Ehe*, a.a.O.
68. Gunter Schmid, *Sexuelle Verhältnisse*, a.a.O., S. 71.
69. Ebd., S. 72.
70. Philippe Ariès, »Überlegungen zur Geschichte der Homosexualität«, in *Die Masken des Begehrens und die Metamorphosen der Sinnlichkeit*, a.a.O., S. 88.
71. Michael Pollak in *Die Masken des Begehrens und die Metamorphosen der Sinnlichkeit*, a.a.O., S. 58.

72. Ebd., S. 68.
73. Gunter Schmidt, *Sexuelle Verhältnisse*, a.a.O., S. 45.
74. Zitiert nach Hartmut A. G. Bosinski, Universität Kiel.
75. Aus der Zeitschrift »Freundin« 11/2000.
76. Zitiert aus Morus, *Eine Weltgeschichte der Sexualität*, a.a.O.
77. Siehe hierzu *Die Bibel*, 1. Korintherbrief, 13. Kapitel.
78. Paul Veyne, »Homosexualität im antiken Rom« in *Vom römischen Imperium zum Byzantinischen Reich*, Frankfurt 1989.
79. Zitiert aus Jean-Louis-Flanderin, »Das Geschlechtsleben der Eheleute in der alten Gesellschaft«, *Die Masken des Begehrens und die Metamorphosen der Sinnlichkeit*, a.a.O.
80. Ebd.
81. Theodor Bovet, *Die Ehe – das Geheimnis ist groß*, Tübingen 1957.
82. Walter Melchior in *ABC der Liebe für junge Leute*, a.a.O.
83. Robert A. Johnson, *Traumvorstellung Liebe*, München 1987.
84. Zitiert aus Rosemarie Welter-Enderlin, *Paare – Leidenschaft und Lange Weile*, a.a.O.
85. Philippe Ariès, »Liebe in der Ehe« in *Die Masken des Begehrens und die Metamorphosen der Sinnlichkeit*, a.a.O.
86. Theodor Bovet, *Die Ehe – das Geheimnis ist groß*, a.a.O., S. 17.
87. S. Berghoff, *Frauenwürde – Frauenbürde*, S. 29
88. Zitiert aus *Sesso Santo* (»Heiliger Sex«), Edizioni Segno, Udine 2000, in »Der Spiegel«, 1/2001, S. 182.
89. Volkmar Sigusch, »Vom Trieb und von der Liebe« in *Sexualität und Gesellschaft*, Frankfurt 2000, S. 70.
90. Martin Dannecker, *Das Drama der Sexualität*, a.a.O.
91. zitiert aus Deschner, *Das Kreuz mit der Kirche*, a.a.O.
92. Michel Foucault u.a., *Die Masken des Begehrens und die Metamorphosen der Sinnlichkeit*, a.a.O.
93. Karlheinz Deschner, *Das Kreuz mit der Kirche*, a.a.O.
94. Gunter Schmid, *Sexuelle Verhältnisse*, a.a.O., S. 27.
95. Martin Dannecker, *Das Drama der Sexualität*, S. 132.
96. Gunter Schmid, *Sexuelle Verhältnisse*, a.a.O., S.14.
97. Ebd., S. 87.
98. Siehe hierzu von Michael Mary, *Schluß mit dem Beziehungskrampf*, a.a.O.
99. Siehe hierzu Karlheinz Deschner, a.a.O.
100. Ebd.
101. Alex Comfort, »Der aufgeklärte Eros«.
102. Aus der »Hamburger Morgenpost« Nr. 230/39, 1999.

103. Recherchiert vom »Star«, zitiert aus der »Hamburger Morgenpost« vom 31.1.2000.
104. Siehe hierzu *Die Bibel*, Paulus 1, Korintherbrief 7, 1-3.
105. In »Das Geschlechtsleben der Eheleute in der alten Gesellschaft«, zitiert aus *Die Masken des Begehrens und die Metamorphosen der Sinnlichkeit*, a.a.O.
106. Martin Dannecker, *Das Drama der Sexualität*, a.a.O.,S. 144.
107. Herrad Schenk, *Freie Liebe – wilde Ehe*, a.a.O., S. 123.
108. Ebd., S. 127.
109. Siehe Karlheinz Deschner *Das Kreuz mit der Kirche*, a.a.O.
110. Robert A. Johnson, *Traumvorstellung Liebe*, a.a.O.
111. Siehe zum Thema von Michael Mary, *Begegnungen mit dem Inneren Kind*, 1999.
112. Herrad Schenk, *Freie Liebe – wilde Ehe*, a.a.O. 126.
113. Ebd., S. 126.
114. Aus »Vital«, 2/2000.
115. Aus »Fit for Fun – Singelmagazin« 2/2000.
116. Aus »Cosmopolitan«, 2/2000.
117. Aus »Fit for Fun«, 2/2000.
118. Aus »Petra« 11/1999.
119. Aus »Freundin«, 4/2000.
120. Aus »Maxi« 2/2000.
121. Aus »Petra« 11/1999.
122. Philippe Ariès, »Liebe in der Ehe« in *Die Masken des Begehrens und die Metamorphosen der Sinnlichkeit*, a.a.O., S. 169.
123. Hieronymus, *Adversus Jovinianum*, I, 49.
124. Siehe hierzu André Béjin in *Die Masken des Begehrens und die Metamorphosen der Sinnlichkeit*, der die Anfänge der Sexualwissenschaft auf die Zeit zwischen 1844 und 1886 und in einem zweiten Anlauf zwischen 1922 und 1948 datiert.
125. Siehe auch den Arzt Theodor Hendrik van der Velde, in Gunter Schmidt, a.a.O.
126. Siehe beispielsweise B. Zimbergeld und seine Aufstellung sexueller Mythen.
127. Bettina Ziemert, Sexualtherapeutin in Hamburg, Interview vom Januar 2000.
128. André Béjin in »Niedergang der Psychoanalyse, Aufstieg der Sexologen« in *Die Masken des Begehrens und die Metamorphosen der Sinnlichkeit*, a.a.O., S. 241.
129. Ebd.

130. Martin Dannecker, *Das Drama der Sexualität*, a.a.O., S. 27.

131. Der »Stern« vom 27.7.2000.

132. Lonnie Barbach in ihrem Buch *50 Wege zu neuer Lust*, Berlin, 1999.

133. RosemarieWelter-Enderlin, zumThema »Familienliebe ohne Leidenschaft« in *Paare – Leidenschaft und lange Weile*, a.a.O.

134. Neurolonguistisches Programmieren (NLP), eine erfolgreiche Modeerscheinung auf dem therapeutischen Markt der Wunder.

135. Leslie Cameron-Bandler und Michael Lebeau, *Die Intelligenz der Gefühle*, Paderborn 1990.

136. Aus »Bild-Zeitung« vom 3.2.2000.

137. *Küssen – aber wie?*, Verlag W. H.Schmitz, München 1960.

138. André Béjin in »Die Macht der Sexologen und die sexuelle Demokratie« in *Die Masken des Begehrens und die Metamorphosen der Sinnlichkeit*, a.a.O., 263.

139. Martin Dannecker, *Das Drama der Sexualität*, a.a.O., S. 27.

140. Michael Plesse und Gabriele St. Clair, *Feuer der Sinnlichkeit, Licht des Herzens*, München 1992, S. 131.

141. Ebd., S. 245.

142. Kirsten v. Sydow, in »Familiendynamik«, 4/98, S. 396.

143. Georges Bataille, *Die Tränen des Eros*, 1993, S. 69.

144. Gunter Schmidt, *Sexuelle Verhältnisse*, a.a.O., S. 52.

145. Martin Dannecker, *Das Drama der Sexualität*, a.a.O., S. 148.

146. Gunter Schmidt, *Sexuelle Verhältnisse*, a.a.O., S. 53.

147. Aus dem Interview mit Dr. Bettina Ziemert.

148. Siehe hierzu Morus, *Eine Weltgeschichte der Sexualität*, a.a.O., S. 181.

149. Kirsten v. Sydow, in *Familiendynamik* 4/98, S. 338.

150. »Der Spiegel« vom 3.6.1996.

151. Die Osnabrücker Psychotherapeutin Dr. Elisabeth Mardorf in der »Hamburger Morgenpost«.

152. Der »Stern« 28.10.1999.

153. Aus dem Interview mit Frau Dr. Bettina Ziemert.

154. Gunter Schmidt, *Sexuelle Verhältnisse*, a.a.O., S. 27.

155. Jacques Rossiaud, »Sexualität und Gesellschaft im 15. Jahrhundert«, aus *Die Masken des Begehrens und die Metamorphosen der Sinnlichkeit*, a.a.O., S. 104.

156. Jean-Louis Flandrin, »Das Geschlechtsleben der Eheleute in der alten Gesellschaft« aus *Die Masken des Begehrens und die Metamorphosen der Sinnlichkeit*, a.a.O., S. 148.

157. Zitiert aus der »Brigitte« 20/99.
158. Gunter Schmidt in »Die Woche« vom 30.12.1999.
159. Volkmar Sigusch in »Der Spiegel« vom 3.6.1996.

Literatur

Ariès, Philippe; Béjin, André; Foucault, Michel; u. a.: *Die Masken des Begehrens und die Metamorphosen der Sinnlichkeit. Zur Geschichte der Sexualität im Abendland*, 1984.

Barbach, Lonnie: *50 Wege zur neuen Lust. Die Kunst, ein glückliches Paar zu bleiben*, 1999.

Bovet, Theodor: *Die Ehe. Das Geheimnis ist groß*, 1955.

Cameron-Bandler, Leslie; Lebeau, Michael: *Die Intelligenz der Gefühle. Grundlagen der ›Imperativ Self Analysis‹ I*, 1990.

Dannecker, Martin: *Das Drama der Sexualität*, 1992.

Deschner, Karlheinz: *Das Kreuz mit der Kirche. Eine Sexualgeschichte des Christentums*, 1987.

Johnson, Robert A.: *Traumvorstellung der Liebe. Der Irrtum des Abendlandes*, 1987.

Lehnert, Volker A.; Lehnert, Felicitas: *Ehe der Zoff uns scheidet – die Kunst der Ehe*, 2000.

Mary, Michael: *Begegnungen mit dem Inneren Kind*, 1999.

Mary, Michael: *Faszination Beziehung*, 1999.

Mary, Michael: *Schluß mit dem Beziehungskrampf. Wie Frauen Nähe und Männer Freiheit in ihrer Beziehung finden können*, 2000.

Melchior, Walter; *ABC der Liebe für junge Leute*, 1964.

Minor, Martin: *Küssen aber wie? Wenn die Lippen ›Ja‹ sagen*, 1960.

Morus (Richard Lewinsohn): *Eine Weltgeschichte der Sexualität*, 1965.

Plesse, Michael; St. Clair, Gabriele: *Feuer der Sinnlichkeit. Licht des Herzens. Tantrische Selbsterfahrung für einzelne Paare*, 1992.

Sanders, Rudolf: *Zwei sind ihres Glückes Schmied. Ein Selbsthilfeprogramm für Paare*, 1998.

Schenk, Herrad: *Freie Liebe – wilde Ehe. Über die allmähliche Auflösung der Ehe durch die Liebe*, 1988.

Schmidt, Gunter: *Sexuelle Verhältnisse. Über das Verschwinden der Sexualmoral*, 1998.

Sigusch, Volkmar: *Die Mystifikation des Sexuellen*, 1984.

Sigusch, Volkmar: *Vom Trieb und von der Liebe*, 1984.

Skynner, Robin; Cleese, John: *... Familie sein dagegen sehr*, 1988.

Welter-Enderlin, Rosemarie: *Paare – Leidenschaft und lange Weile. Frauen und Männer in Zeiten des Übergangs*, 1999.

Öfter mal was Neues oder Angst vor Veränderung?

Michael Mary
CHANGE
LUST AUF VERÄNDERUNG
Sachbuch
160 Seiten
ISBN 978-3-404-60539-X

Menschen sehnen sich nach Veränderung und fürchten sich zugleich davor. Doch Wandel geschieht ständig – unabhängig davon, ob er gesucht wird oder nicht. Und er kündigt sich an. Durch körperlich spürbare, emotional fühlbare oder in Träumen sichtbare Impulse. Sie sind die verborgene Lust eines Menschen. Wenn man lernt, diese Anzeichen zu erkennen, besteht die Chance, den Wandel zu unterstützen, sodass er sich nicht gegen den Willen des Menschen durchsetzen muss. Denn der Lust Raum zu geben erweitert das Leben. Das Buch führt zu einem tiefen Verständnis von Wandlungsprozessen und macht verborgene Wünsche für den Einzelnen erkennbar.

Bastei Lübbe Taschenbuch